连云港港口智能建造技术应用丛书

连云港国际汽车绿色智能物流中心
BIM技术应用

黄 洋 刘 强 姜 魏 | 主 编
何洪升 祁明伟 康洪健 | 副主编

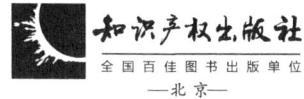

全国百佳图书出版单位
—北京—

图书在版编目（CIP）数据

连云港国际汽车绿色智能物流中心 BIM 技术应用/黄洋，刘强，姜魏主编；何洪升，祁明伟，康洪健副主编.—北京：知识产权出版社，2024.3
ISBN 978-7-5130-9257-9

Ⅰ.①连… Ⅱ.①黄…②刘…③姜…④何…⑤祁…⑥康… Ⅲ.①港口—物流管理—建筑设计—计算机辅助设计—应用软件 Ⅳ.①U695.2-39

中国国家版本馆 CIP 数据核字（2023）第 257375 号

责任编辑：杨 易　　　　　　　　责任校对：王 岩
封面设计：商 宓　　　　　　　　责任印制：孙婷婷

连云港国际汽车绿色智能物流中心 BIM 技术应用

黄 洋 刘 强 姜 魏 主 编
何洪升 祁明伟 康洪健 副主编

出版发行	知识产权出版社 有限责任公司	网 址	http://www.ipph.cn
社 址	北京市海淀区气象路 50 号院	邮 编	100081
责编电话	010-82000860 转 8789	责编邮箱	35589131@qq.com
发行电话	010-82000860 转 8101/8102	发行传真	010-82000893/82005070/82000270
印 刷	北京中献拓方科技发展有限公司	经 销	新华书店、各大网上书店及相关专业书店
开 本	720mm×1000mm 1/16	印 张	9.25
版 次	2024 年 3 月第 1 版	印 次	2024 年 3 月第 1 次印刷
字 数	96 千字	定 价	59.00 元
ISBN 978-7-5130-9257-9			

出版权专有　侵权必究
如有印装质量问题，本社负责调换。

"连云港港口智能建造技术应用丛书"
编委会

主　　编：胡永涛　李文豪　杨华东
副 主 编：王　睿　黄　洋

参编单位：连云港港口控股集团有限公司工程技术部
　　　　　连云港港口控股集团有限公司技术研发中心
　　　　　江苏筑港建设集团有限公司
　　　　　连云港港口建筑安装工程有限公司

本书编委会

主　编：黄　洋　刘　强　姜　魏
副主编：何洪升　祁明伟　康洪健
顾　问：武宜友　卢友兵　付怀合　张步仁
参　编：朱玉德　刘浩然　王　展　张晓光
　　　　乔延平　田　璠　张　珀　徐　磊
　　　　徐　凡　李　峰　方　辉　金怀波
　　　　霍正通　李政达　张顺哲　唐志强
　　　　丁　阳　樊世明　汤先强　朱学磊
　　　　钱　龙　杨绍卿　范月民　伏永红
　　　　卢本鹏　曹师宝　刘　浩　许百强
　　　　沈书芹　伏　磊　刘宝香　张艺腾
　　　　汤景权　刘　祯　兰　瑞　陶　寅
　　　　李金贵　王之跃　祝长华　胡　祥
　　　　陈肖亭　黄益权　胡继成　王大伟
　　　　刘亚杰　程　哲　韦庆亮　刘金成
　　　　杨　睿　杜坤鹏　王　健　汤先强
　　　　伏冬冬　顾前进　俞欣欣　江海波
　　　　张继元　张志宽　刘思贤　刘镇宁
　　　　李家鑫　徐廷仪

前　　言

港口基础设施建设是一项复杂的系统性工程，涉及多个领域的知识和技术，需要精细的协调和管理。建筑信息模型（Building Information Modeling，BIM）技术的出现为港口基础设施建设带来了革命性的变化，它不仅可以提高设计与施工的效率，还可以降低成本和风险。本书就是一本介绍 BIM 技术在港口基础设施设计与施工中应用的专著。

本书论述了 BIM 技术在连云港港口工程项目中的应用，同时也用很大的篇幅对 BIM 的基础知识以及连云港港口控股集团的 BIM 技术应用历史进行了介绍。通过阅读本书，读者可以深入了解连云港港口控股集团是如何利用 BIM 技术促进典型工程项目管理提质增效，以及有效使用 BIM 会给基础设施全生命周期所有参与方带来哪些深远影响。

本书共分为五章，分别为绪论、关于 BIM 的基础认知、设计施工总承包阶段 BIM 工作要求、项目 BIM 实施及管理目标、品质工程创建要求。本书详细介绍了 BIM 技术在港口基础设施建设中的应用，包括 BIM 理论、工作要求和实践经验，旨在帮助读者更好地理解 BIM 技术的应用。

为什么要写这本书？

我们撰写这本书的动机是为港口建设从业人员提供一本全面且深入的 BIM 参考书，帮助他们通过本书了解 BIM 这个令人兴奋的革新技术，并在不被传统港口建设习惯影响的情况下，客观介绍目前港口建设领域 BIM 技术应用的操作流程和成果。关于 BIM 现状，人们普遍接受的看法中既有真知也有谬谈。我们希望本书能够帮助港口建设从业者强化真知，树立对 BIM 技术的正确客观认识，消除基于传统管理思维的错误想法和经验主义错误偏见，并引导读者成功实施 BIM。从我国国内近些年 BIM 技术应用经验看，很多对 BIM 满怀希望的建筑业革新者，都有过失望的经历，因为他们的努力和期望是建立在错误的认知和不充分的技术规划上的。如果本书能够帮助读者少走弯路，我们就达到了撰写本书的目的。

本书为谁而写？

本书的读者既可以是港口工程技术职能部门、施工技术人员、监理单位技术人员、项目管理单位技术人员、设计单位技术人员、码头单位技术支持人员、运维人员等，也可以是对 BIM 技术感兴趣的读者。

BIM 技术在港口的应用是一个不断发展的领域，随着技术的不断进步和应用的不断深入，BIM 技术将会在港口建设项目设计与施工中扮演越来越重要的角色。本书的出版将会为 BIM 技术的推广和应用，以及港口建设技术的进步和发展做出贡献。

  由于作者水平有限,本书存在的不足和疏漏之处在所难免,敬请各位读者批评指正。

作者

2024 年 1 月

目 录

1 绪 论 …………………………………………… 1

 1.1 BIM 发展史简述 …………………………… 1

 1.2 BIM 的前世今生 …………………………… 2

 1.3 连云港港口控股集团 BIM 发展沿革 ………… 6

 1.4 连云港国际汽车绿色智能物流中心项目 …… 9

  1.4.1 项目概况 ………………………………… 9

  1.4.2 项目定位 ………………………………… 11

  1.4.3 建设内容和规模 ………………………… 12

  1.4.4 项目亮点 ………………………………… 13

  1.4.5 主要参建单位 …………………………… 14

2 关于 BIM 的基础认知 ………………………… 15

 2.1 BIM 的定义与特性 ………………………… 15

 2.2 BIM 实施参与方职责 ……………………… 16

  2.2.1 BIM 技术中心的职责 …………………… 17

  2.2.2 建设单位的职责 ………………………… 18

  2.2.3 勘察单位的职责 ………………………… 19

2.2.4	设计单位的职责	19
2.2.5	施工单位的职责	20
2.2.6	监理单位的职责	21
2.2.7	造价咨询、招标代理的职责	21
2.2.8	运营维护单位的职责	22
2.2.9	工程总承包单位的职责	22
2.2.10	全过程工程咨询单位的职责	23

2.3 BIM协同 …………………………………… 23
   2.3.1 建设方协同实施 ………………………… 25
   2.3.2 设计协同实施 …………………………… 27
   2.3.3 施工协同实施 …………………………… 27
   2.3.4 咨询协同实施 …………………………… 29
   2.3.5 施工监理协同实施 ……………………… 29

2.4 模型创建与管理 …………………………… 31
2.5 模型与文件管理 …………………………… 33
2.6 模型交付 …………………………………… 34
2.7 勘察阶段的BIM应用 ……………………… 35
   2.7.1 数据准备 ………………………………… 36
   2.7.2 岩土层面数据输入 ……………………… 38
   2.7.3 岩土工程数据库的建立 ………………… 39
   2.7.4 工程应用 ………………………………… 40

2.8 可行性研究阶段的BIM应用 ……………… 41
2.9 初设阶段的BIM应用 ……………………… 43
2.10 施工图设计阶段的BIM应用 …………… 44
2.11 施工阶段的BIM应用 …………………… 46

2.11.1　施工准备 …………………………………… 46
　　2.11.2　施工实施 …………………………………… 48
　　2.11.3　施工监理 …………………………………… 52
　2.12　竣工验收阶段的 BIM 应用 ……………………… 53
　　2.12.1　一般要求 …………………………………… 53
　　2.12.2　模型信息验收、调用与维护 ……… 54
　　2.12.3　应用流程 …………………………………… 55

3　设计施工总承包阶段 BIM 工作要求 ………… 57
　3.1　总体要求 ……………………………………………… 57
　　3.1.1　适用范围 ……………………………………… 57
　　3.1.2　工作目标 ……………………………………… 57
　　3.1.3　BIM 工作原则 ………………………………… 58
　3.2　BIM 应用工作要求 ………………………………… 59
　　3.2.1　BIM 应用团队要求 …………………………… 59
　　3.2.2　BIM 管理制度要求 …………………………… 60
　　3.2.3　BIM 制图要求 ………………………………… 61
　　3.2.4　与 BIM 管理单位的配合 …………………… 61
　　3.2.5　BIM 应用过程相关文件的整理存档 …… 62
　3.3　BIM 工作内容 ……………………………………… 62
　　3.3.1　承包人 BIM 应用的主要工作内容 ……… 62
　　3.3.2　应用点及评价标准 ………………………… 64
　　3.3.3　BIM 成果要求 ………………………………… 73
　　3.3.4　成果提交时间要求 ………………………… 76

3.4 BIM验收与总体评价 ………………………………… 78
　　3.4.1 应用点成果验收 …………………………… 78
　　3.4.2 BIM应用总体评价 ………………………… 78
3.5 其他约定 …………………………………………… 79

4 项目BIM实施及管理目标 ……………………………… 80

4.1 实施目标 …………………………………………… 80
　　4.1.1 技术实施目标 ……………………………… 80
　　4.1.2 BIM成果报奖计划 ………………………… 81
　　4.1.3 BIM工作开展计划 ………………………… 81
4.2 项目BIM应用策划 ………………………………… 82
　　4.2.1 组织架构与职责 …………………………… 82
　　4.2.2 软硬件配置 ………………………………… 85
4.3 BIM应用内容 ……………………………………… 87
　　4.3.1 概念设计阶段的BIM应用 ………………… 87
　　4.3.2 施工图设计阶段的BIM应用 ……………… 88
　　4.3.3 施工阶段的BIM应用 ……………………… 95
4.4 项目施工BIM协同平台应用 ……………………… 106
4.5 施工BIM协同平台的应用价值分析 ……………… 113
　　4.5.1 提高施工效率 ……………………………… 114
　　4.5.2 提高施工质量 ……………………………… 114
　　4.5.3 降低施工成本 ……………………………… 114
　　4.5.4 提高安全性 ………………………………… 115
　　4.5.5 提高项目管理效率 ………………………… 115
4.6 港口项目级施工管理平台建设方案 ………… 116

目 录

5 品质工程创建要求 …………………………… 126

5.1 数字化设计（20分） …………………………… 127
5.1.1 分值说明 …………………………… 127
5.1.2 指标依据 …………………………… 127

5.2 基础设施结构数字化（30分） …………… 129
5.2.1 分值说明 …………………………… 129
5.2.2 指标依据 …………………………… 129

1 绪 论

1.1 BIM 发展史简述

BIM（Building Information Modeling），按照字面意义可以翻译成建筑信息模型，是一种基于三维场景的建筑信息描述方式，它的发展历史可以追溯至 20 世纪 70 年代。发展阶段大致如下。

20 世纪 70 年代：BIM 概念初现。彼时，计算机技术刚刚开始发展，建筑领域思维超前的学者们，已经开始探索将计算机技术应用于建筑设计和施工过程。

20 世纪 80 年代：BIM 技术走入应用。当时，计算机开始逐渐走进人们的生活，人们开始使用计算机辅助设计（CAD）软件，这使得建筑设计和施工过程更加高效。

20 世纪 90 年代：BIM 技术得到了更进一步的发展。随着三维技术在工业制造领域的深入应用，建筑领域的三维技术应用也得以推广，人们开始使用三维模型软件，建筑设计和施工过程更加真实和可视化。

21 世纪最初十年：BIM 技术开始成为建筑行业的热门技术。当时，人们开始使用更丰富的 BIM 软件，这使得 BIM 技术的应用范围更加广泛。

21世纪第二个十年：随着计算机性能的巨大提升，BIM技术得到了更广泛的应用。当时，人们开始使用BIM技术进行建筑设计、施工和维护，这使得BIM技术成为建筑行业的核心技术。

21世纪20年代：BIM技术进一步发展，各类建筑业改革政策和文件中都有BIM相关内容，成为建筑行业的必备技术。人们开始拓展BIM应用场景，不仅仅是将BIM技术应用于建筑设计、施工和运维，同时也开始使用BIM技术进行建筑物的运营和管理。

总的来说，BIM技术的发展历程可以分为三个阶段：BIM的概念阶段、BIM的应用阶段和BIM的成熟阶段。笔者认为，目前国内的BIM技术应用热度很高，处于应用阶段和成熟阶段中间的状态，不同行业发展水平差异还很大，在市政、房建、水利、铁路等领域已经处于成熟状态，这个成熟既包括配套软件的适用性成熟，也包括从业人员和行业环境对于BIM价值的认可程度。公路水运行业发展稍慢，但是通过借鉴其他应用成熟行业的经验，亦可以少走很多弯路，实现"后发先至"的效果。

1.2 BIM的前世今生

上节大致给BIM技术发展历史分了几个阶段。本节着重讲述BIM产生的历史。BIM一词在建筑领域已广为人知，但是如果说到BIM的诞生过程，似乎有很多人都不太清楚。

1 绪 论

BIM的概念最早诞生于查理斯·伊斯曼（Charles Eastman）在1974年发表的一篇论文，也就是《建筑描述系统概述》(*An Outline of the Building Description System*)。

这篇文章的摘要开头为"Many of the costs of design, construction, and building operation derive from the reliance on drawings as the description of record of the building. As a replacement, this paper outlines the design of a computer system useful for storing and manipulating design information at a detail allowing design, construction, and operational analysis."。翻译过来就是：许多设计、建造和建筑运营的成本来源于对图纸作为建筑记录描述的依赖。作为替代，本文概述了一个计算机系统的设计思想，该系统用于存储和操作设计信息的细节，从而允许设计、建造和运营分析。

真所谓"出道即巅峰"，这样一句话，道出了BIM技术的本质思想。我们要注意的是，这个想法提出的时间是1974年，那个时代，计算机在国外没有普及，价格还是很昂贵的。在大多数人看来，这篇文章有点过于"天马行空"，因此并没有在行业内掀起轩然大波，影响力实在非常有限。

这篇文章里并没有出现BIM（Building Information Model或Building Information Modeling）。事实上，"Building Information Model"一词最早出现在G. A. 范德芬（G. A. van Nederveen）和F. P. 托尔曼（F. P. Tolman）在1992年发表的论文中，也就是《建筑的多视图建模》

(*Modelling Multiple Views on Buildings*)。

这篇文章的摘要开头为"The building practice is characterized by its loose organization of the different participants, that each perform a specific role in a building project and have a specific view on the building project data. When modelling building information, it is useful to base the structure of a building model on these views."。翻译过来意思是：建筑实践的特点是不同参与者的松散组织，每个参与者在建筑项目中扮演特定的角色，并对建筑项目数据有特定的看法。在对建筑信息建模时，将建筑模型的结构建立在这些视图上是很有用的。简而言之，建筑工程中的参与方对建筑数据各有所需，建筑信息建模有助于形成满足这些需求的建筑模型结构。

现在看来，文章提出的概念就是BIM的数据共享性和协同性。其中，这篇文章的一个关键词就是"building information model"，这是建筑历史上的BIM这个词汇的首次出现。

但是当时依旧缺乏BIM发展起来的环境。20世纪90年代初，电脑仍然是非常昂贵的办公用品。在1992年的时候，CAD发展正旺，AutoCAD R12发布。在那个时候，我国建筑行业正在经历一场"甩图板"的革命。"甩图板"是指从20世纪90年代开始在全国范围内开展的"CAD应用工程"，即采用CAD绘图替代铅笔在米格纸上画图、蜡纸描图的过程。这在当时被认为是一场壮举，而现在BIM的兴起被很多人认为是"第二次甩图板"或

"甩图纸"。笔者认为这种说法并不妥当，也与现在 BIM 发展的实际情况不符，BIM 的推广应用比当年的"甩图板"要困难许多。

1990 年到 2000 年初期，建筑领域几乎都是 CAD 占主流的时代。特别是 AutoCAD，几乎成为国内外建筑图纸绘制的标准格式，直到现在，即便在国产软件替代的大背景下，CAD 文件格式仍然是工程建设领域的主流文件格式。

BIM 是一个金矿，而 Autodesk 公司也颇具慧眼，认识到了 BIM 的价值和潜力。于是，在 2002 年，CAD 行业龙头公司 Autodesk 发布了 BIM 白皮书，其他公司也纷纷开始发展 BIM。

这份白皮书开篇就说"Building information modeling is Autodesk's strategy for the application of information technology to the building industry."。简而言之，BIM 是 Autodesk 针对建筑产业信息技术应用的战略。而且白皮书直言了 CAD 系统植根于图形，难以充分创建和管理建筑信息的问题。"But object-oriented CAD systems remain rooted to building graphics, built on graphics-based CAD foundations, and as a result are not fully optimized for creating and managing information about a building."。当时处于 CAD 垄断地位的公司能有这样深刻的自我剖析实在不容易。

在 2002 年，Autodesk 也收购了创立于 1996 年的 Revit，此举对日后的 BIM 软件市场影响巨大，形成了当今全球流传度最广的 BIM 软件，Revit 几乎是国内所有 BIM 从业人员的入门软件，所有人都是从 Revit 建模开始学起的。

从整体上来看，BIM理念诞生于1974年，而后18年，也就是1992年，才第一次出现了building information model一词；又过了10年，到2002年左右，BIM才开始兴起；再过差不多10年，到2012年左右，BIM在国内外开始大爆发。BIM这一当今在行业人人皆知的技术，从思想理念到概念普及，前前后后大概用了40年的时间。

从BIM发展史中，可以发现很多故事，我们看到了一种让行业脱胎换骨转换升级的新技术从诞生到普及有多不容易，也看到了新技术发展过程中的漫长等待，更看到了抓住历史机遇而高速发展的成功案例。每个时代，都会产生不同类型的推动力量，这个力量是时代的选择，也是这个时代的专属印记，会被下一个时代的新力量所取代。在其他行业，比如互联网行业和电商行业，都受到新时代的新力量冲击，这个新力量就是"短视频"。

BIM的故事并未结束，随着建筑行业转型升级的不断深化，智能建造的提法也越来越火热，本质是建筑工业化，利用BIM为代表的数字化技术，加速行业工业化，而现在连云港港口建设板块也正在经历和创造着属于自己的BIM历史。

1.3 连云港港口控股集团BIM发展沿革

连云港港口控股集团（以下简称港口控股集团）的BIM技术应用始于2018年夏，时任港口控股集团工程技术部资深总监的尹宇，在详尽的国内调研后，向时任港口控股集团副总裁孙中华和时任港口控股集团工程技术部副部长（主持工作）胡永涛建议成立集团级的 BIM 技术应用推广组织，旨在以 BIM 技术应用为抓手引领港口控股集团建设板块的数字化转型升级，促进建设板块提质增效。尹宇的建议立即得到了采纳，并受到了港口控股集团领导和工程技术部领导的强力支持，并在 2018 年 7 月顺利开展港口控股集团第一期 BIM 技术培训班，这一期 BIM 技术培训班经常被内部称为"港口 BIM 黄埔一期"，云集了港口建设板块各单位的新生力量，连云港港口的 BIM 技术应用"星星之火"得以点燃。港口控股集团 BIM 中心筹建组随之成立，胡永涛任筹建组长，尹宇任常务副组长，组员 8 人，自此，连云港港口 BIM 技术应用工作正式起航。

2019 年对于 BIM 中心筹建组是不平凡的开局之年，建设板块对于 BIM 筹建组的关注度非常大，其中既有认同的声音，也有反对质疑的声音，筹建组不忘初心，坚定信仰，面对项目技术推广中的各种质疑都会耐心探讨，以理服人，用技术发展的一般规律让质疑者接受和认同 BIM 技术的价值。同时，从组织建设和制度建设两方面做好 BIM 筹建组内部管理，积极在港口控股集团重点建设项目中把好 BIM 技术应用关，徐圩管廊工程、赣榆港区 6 号液化烃工程、赣榆港区船舶垃圾中转站工程、赣榆港区 4 号至 6 号散货泊位工程等一批工程顺利实施 BIM 技术应用。虽然在现在看来，当时的设计 BIM 和施工 BIM 都有局限性，但是这就是技术发展的一般规律，没有努力尝试，是不可能摸索出一条适合港口自己的 BIM 技术成熟应用路径的。客观地说，在当时水运工程行业内，连云港港口的 BIM 技术应用理论思路都是非常超前的，积累的经验为后来的建设项目高质量 BIM 应用奠定了基础。徐圩管廊工程 BIM 技术应用获得集团级科技进步一等奖，赣榆港区船舶垃圾中转站工程获得市交通局科技奖励 30 万元，徐圩管廊工程、赣榆港区 6 号液化烃工程、赣榆港区 4 号至 6 号散货泊位工程的设计和施工 BIM 技术应用均助力项目获评江苏省品质工程。

在"以 BIM 技术为抓手，引领港口控股集团建设板块数字化转型升级，实现建设项目全生命周期的提质增效"的方针指引下，BIM 中心筹建组围绕 BIM 技术应用开展深入的 BIM + GIS 融合技术研究，通过多次技术交流，能够很好地解决港口控股集团赣榆公司当时建设项目实施中的痛点，利用三维 GIS 支撑的数字孪生技术再造"数字赣榆港区"，为赣榆港区建设项目工程可行性研究的科学评估和实施过程资料管理提供了有力工具。2022 年，赣榆港区数字孪生平台应用获得港口控股集团科技进步三等奖，以港区数字孪生应用为题材撰写的自贸区创新案例，成功入选市级案例。2023 年获中国港口协会科技进步二等奖。

2021 年，BIM 中心筹建组与技术研发中心筹建组合并，共同成立"连云港港口控股集团技术研发中心"，BIM 技术中心作为技术研发中心的下属部门，正式成立，掀开港口控股集团 BIM 技术应用的新篇章。

1.4 连云港国际汽车绿色智能物流中心项目

1.4.1 项目概况

根据连云港绿色智能港口发展规划，结合港口货物预测，港口年滚装汽车物流需求在2025年和2035年分别可以达到35万辆和73万辆，拟规划设置2座智能化立体车库，并设置车辆清洗、检测等配套功能，总库容超1万台，同时在立体库周边配套汽车堆场，可满足远期73万台进出口车辆的物流周转需要。项目分期开展，本次拟先建设一座立体停车库，结合现有汽车堆场，满足近期进出口35万台汽车的需求。

根据港口控股集团2022年及"十四五"时期区域性滚装件杂货进出口集散中心建设发展工作方案，港口控股集团成立"滚装件杂货市场开发小组"，以专业化市场开发团队保障滚装件杂货上量。围绕"车辆出口确保16万台，争取18万台"的目标，加大营销力度，巩固、提升现有市场份额。截至2025年底，滚装专用泊位增至4个，车辆进出口确保完成30万台，力争突破35万台，航线增加至20条；滚装件杂货作业效率达到国内领先水平。

连云港国际汽车绿色智能物流中心项目首期拟选址于墟沟西1作业区61#~62#泊位后方，位于"自贸区港航中心"内，如图1-1所示。围绕绿色港口建设规划，将低碳、智能意识和理念融入项目方案中。

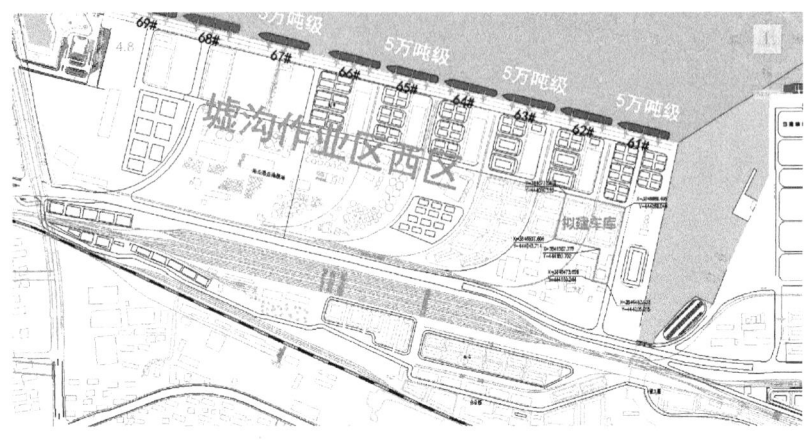

图1-1 墟沟作业区西区

项目位于港区五大中心之一——"自贸区港航中心"。"自贸区港航中心"分为三个功能分区，如图1-2所示，由西向东分别是：国际邮轮服务区、港航发展功能区、汽车体验商贸区。项目位于汽车体验商贸区内，周边功能涵盖：码头装卸区、汽车仓储区（堆场、仓库）、配套服务区、综合展示（体验）和办公区。

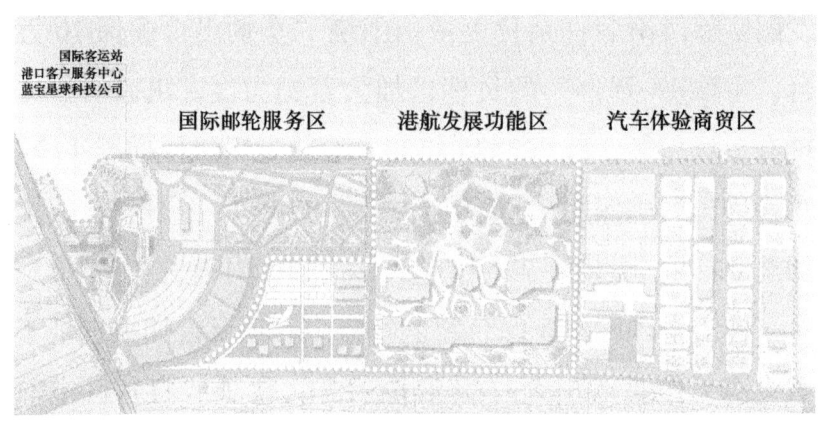

图1-2 自贸区港航中心功能分区

1 绪 论

项目四至范围如图 1-3 所示。北侧为 62#泊位后方一号仓库，东侧为东方港务分公司墟沟西作业区 9 号仓库。西侧为东方港务分公司墟沟西作业区堆 206 堆场，南侧为东方港务分公司墟沟西作业区候工区。基地北部长约 185m，西侧长约 140m，东侧长约 233m，南侧长约 182m，呈现不规则形状。远期规划铁路运输车辆主要通过保留的现状 206 堆场铁路线，直接进入汽车体验商贸区，在立体车库西侧汽车装卸。公路运输车辆主要通过东南侧园区主入口进入园区，装卸车完成后通过西南侧次出入口驶出园区。

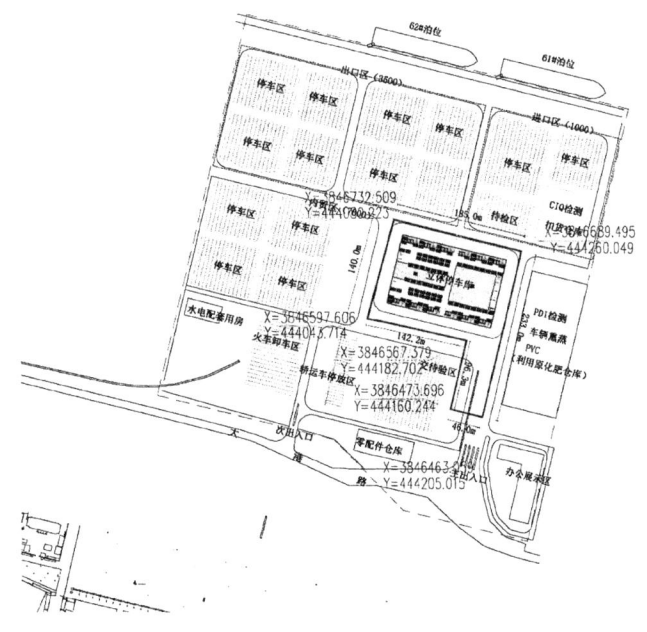

图 1-3 连云港国际汽车绿色智能物流中心项目四至范围

1.4.2 项目定位

（1）总体定位。按照"港口通道型"考虑，充分考虑港口物流"速度快、运量大"的特点，本项目结合区位优势，优越的集疏运条件，并依托连云港港区独特的资源禀赋，拟将连云港国际汽车绿色智能物流中心项目打造成智能、绿色、高效的一站式汽车智能立体停车仓储中心、汽车智能立体停车示范和标杆项目，并助力连云港港口转型升级，成为港口物流的重要载体和配套工程。

（2）功能定位。基于本项目的总体定位和自身发展条件，连云港国际汽车绿色智能物流中心项目经营内容以进出口汽车停车存储为主导，是为连云港港区设立的进出口汽车服务基地。主要包含首层车辆配套（含清洗、检测等）区、临时停车区、二至五层立体自动化无人停车区三大功能片区。

1.4.3 建设内容和规模

本项目为一座智能化立体停车库，总体分为车辆配套区、临时停车区、立体自动化无人停车区三大功能片区。工程占地面积约3.02万m^2。立体停车库为高层大型物流仓库。建筑长151.80m，宽94.80m，占地面积14390.64m^2，总建筑面积73861.75m^2（不含雨棚）。建筑地上共5层，建筑高度26.35m（建筑物地面至女儿墙顶高度），包括其配套客梯、水电、消防、装饰装修等。基础为独立承台桩基础，上部结构为钢筋混凝土框架结构，楼、屋盖均采用现浇钢筋混凝土梁板结构体系。室外工程沥青道路及场地11218m^2并配套排水沟，工艺设备标段包含 2~5 层共 4818 个自动化机械车辆存车车位、16 台升降机、48 套 AGV（Automated Guided Vehicle）设备、10 套道闸系统及配套仓储管理系统等。绿电光伏包括光伏组件和配套附件的采购、安装、调试、送电以及相关服务等。其中，光伏组件数量 1660 套，规格为 182mm 单晶硅 560Wp 单面组件；逆变器为 7 台 110kW 逆变器和 1 台 15kW 逆变器；并网柜 3 台。项目建成可储存 5200 辆商品车，年设计周转 18 万辆商品车。

竣工验收范围为主体结构工程、工艺设备安装、绿电光伏、装饰装修工程、水电安装工程及室外工程。工程初步设计批复工程总概算为 33630.84 万元，本次竣工验收范围实际总投资 29851.38 亿元。

1.4.4 项目亮点

（1）AGV 智能泊车技术在港口整车物流行业首次应用。整车物流行业常采用道堆垛、平面移动等传统机械式工艺设备，AGV 智能泊车技术在整车物流行业是首次应用。

（2）该项目是国内首个零碳汽车物流库。屋顶布置光伏发电装置，年平均发电 100 万 kW，每年可对外提供 70 万 kW，投产后成为国内首个零碳汽车物流库。

（3）该项目是规模最大的 AGV 智能车库。本项目设计了 5200 多个 AGV 车位，车位数世界最大，江苏省政府网站、NBC12（美国全国广播公司）网站都有公开报道。

（4）该项目是港口行业集约化程度最高的车库。采用双层AGV工艺设备，相同占地面积所能提供的车位数目是传统地面堆场的9倍以上，也是传统立体车库的2.5倍，集约化程度最高。

（5）该项目是港口行业数智化程度最高的车库。通过"AI算法+算力+大数据"为每个批次的滚装作业、每台车的出入库任务等制订周密的计划。通过3D仿真进行提前模拟，评估作业效率，并优化调整。通过"数字孪生"可视化展现每台设备的运营状态，提升运营维护数智化水平。

（6）消防安全措施最齐全。除常规消防设施外，针对新能源汽车设置电池温度检测传感器和消防隔离间，降低消防风险。

1.4.5　主要参建单位

建设单位：江苏连云港港口股份有限公司。

管理单位：连云港国际汽车绿色智能物流中心项目管理办公室。

EPC总承包：连云港港口建筑安装工程有限公司与中交第三航务工程勘察设计院有限公司联合体。

设备工艺单位：深圳中集智能停车有限公司。

监理单位：连云港科谊工程建设咨询有限公司。

光伏组件：连云港港口集团供电工程有限公司。

检测单位：天津港湾工程质量检测中心有限公司、上海航源检测科技有限公司、江苏省特种设备安全监督检验研究院。

2 关于BIM的基础认知

2.1 BIM的定义与特性

BIM（Building Information Modeling，建筑信息模型）是以三维数字技术为基础，集成了建筑工程项目各种相关信息的工程数据模型，BIM是对工程项目设施实体与功能特性的数字化表达。

BIM是从手绘图到二维、三维的画图信息方式的改革，也就是从2D、3D的传统建模到4D、5D的信息化建模的改革，摒弃传统设计中资源不能共享，信息不能同步更新，参与方不能很好地相互协调，施工过程不能可视化模拟，检查维护不能做到物理与信息的碰撞预测等问题。

BIM的第一个特点是可视化，可视化就是所见即所得，可以直观地反映出设计师的创作意图，能够在进行施工之前更多地了解到项目建成之后的情况，从而进行有效的沟通，提高内部决策效率，这些都是建立在可视化基础上的，没有可视化，BIM便无从谈起。

BIM的第二个特点是协调性，它是综合各个专业的设计模型，实现三维模型的整合处理，利用模型检查工具，可以更高效地发现不同专业模型之间的空间协调问题，将问题解决在设计阶段，避免在施工阶段发生冲突，造成不必要的人力物力的浪费，避免返工，更好地控制投资和工期。

BIM 的第三个特点是模拟性，模拟性主要应用于方案及施工阶段，用三维模型来模拟施工，从而做出一个合理的方案和工具来安排指导施工，模拟性还可以应用在局部上，比如说表达工艺工序的施工过程。

BIM 的第四个特点是可优化。BIM 及其配套的各种优化工具能对项目进行可能的优化；利用模型提供的各种信息来优化，例如几何、物理、规则、建筑变化以后的各种情况信息。

BIM 的第五个特点是可出图性。三维模型是可以直接指导施工的，并且可以快速地生产，平面、立面、剖面的图纸可以便捷地展示客户关注的剖切角度，做到一处更改，处处更新，避免了传统的 2D 绘图，由于疏忽带来的遗漏造成实际施工中一些不必要的损失，计算机可以根据实际模型生产平面、立面、剖面图纸。实际上，未来理想状态中，完全可以做到不出现图纸，毕竟图纸这种信息载体，在未来已经过时了。

2.2　BIM 实施参与方职责

BIM 实施参与方包括：建设单位、BIM 技术中心、勘察单位、设计单位、施工单位、监理单位、造价咨询单位、招标代理单位、运营维护单位、工程总承包及全过程

2 关于BIM的基础认知

咨询等单位。其应具备的基本能力要求如下：

（1）应具备专业齐全的BIM技术团队和相关的组织架构。

（2）应能针对项目的特点和要求制定项目BIM应用实施方案。

（3）应具有对模型及信息进行评估、深化、更新、维护的能力。

（4）应具有利用BIM技术进行沟通协作的能力，进行项目管控，指导现场施工。

2.2.1 BIM技术中心的职责

（1）指导并协助建设单位进行BIM实施。

（2）关键阶段和关键节点的BIM应用推动。

（3）协调、督查和考核各方的BIM应用。

（4）牵头组织关键BIM应用成果的验收。

（5）推动BIM的创新实践，拓展BIM应用领域，技术创新，助推EPC（Engineering-Procurement-Construction，设计—采购—施工总承包模式）实施落地，为基建板块拓展新业务提供技术支持。

（6）通过BIM试点示范项目的落地应用、成果总结，编制形成企业族库和标准、项目应用点导引等，建立健全企业BIM应用体系。

（7）对接主管部门的BIM应用科技入库、资金支持、成果验收等。

(8) 制定港口控股集团 BIM 专业人才培养方案和相关激励政策。

(9) BIM 技术研究并落实 BIM 政策落地应用。

(10) 对接政府部门在项目建设审批和监管过程中与 BIM 相关的工作。

2.2.2 建设单位的职责

(1) 明确工程建设各阶段 BIM 应用目标、应用模式并落实相关费用。

(2) 建立组织架构和 BIM 应用管理体系。

(3) 建立包含模型创建要求、各阶段模型创建内容和模型细度、各阶段模型应用与交付要求、模型与文件管理等的 BIM 技术标准。

(4) 建设 BIM 数据集成与管理平台,满足各参建单位协同工作需求,辅助工程建设管理。

(5) 根据 BIM 数据集成与管理平台运行的需求,建立配套的硬件和网络环境。

(6) 在勘察、设计、施工、监理及设备采购等相关招标文件中,对 BIM 工作内容和技术标准提出要求。

(7) 制定 BIM 交付成果审核机制和激励措施,规范、督促和引导各参建单位的 BIM 应用工作并及时协调、落实 BIM 实施情况。

(8) 对各阶段、各参建单位的 BIM 交付成果进行审核、管理和归档。

2 关于BIM的基础认知

（9）组织相关单位审核竣工验收模型与工程实体、竣工图纸的一致性，并向运营单位和相关部门移交竣工验收模型。

2.2.3 勘察单位的职责

（1）根据项目BIM应用实施方案，建立基于BIM的工程勘察流程与工作模式，根据工程项目的实际需求和应用条件确定不同阶段的工作内容。

（2）根据建设单位BIM技术标准要求创建地质模型和场地模型，实现建筑与其地下工程地质信息的三维融合。

（3）利用模型检查、核实地质勘察和周边环境调查资料的可靠性、完整性。

（4）根据工程和企业自身需要，研究支持多种数据表达方式与信息传递的工程勘察数据库建设方法；研究便于提升地质模型和场地模型创建质量和效率的技术；建立基于BIM的地质勘察和周边环境调查的工作流程与工作模式，实现地质勘察和周边环境调查技术的升级。

（5）实现工程勘察基于BIM的数值模拟和空间分析，辅助建设单位进行科学决策和规避风险。

2.2.4 设计单位的职责

（1）根据项目BIM应用实施方案，配置BIM团队，宜同步组织设计阶段BIM的实施工作。

(2) 根据建设单位 BIM 技术标准要求创建设计模型（包含模型变更），通过模型评审；设计阶段信息模型宜由需交付的信息模型和辅助设计的信息模型组成，需交付的信息模型宜向施工阶段和运营维护阶段传递，辅助设计的信息模型（包括计算分析信息模型、仿真分析模型等）宜在设计阶段内传递和共享。

(3) 在工程可行性研究阶段、初步设计阶段和施工图设计阶段，开展优化设计方案、提高设计质量的 BIM 应用工作，确保成果符合实施方案规定的模型深度及建模标准要求。

(4) 使用 BIM 技术与项目各参与方进行设计交底并指导项目建设实施。

(5) 根据工程和企业自身需要，研究建立基于 BIM 的协同设计工作模式；建设 BIM 数据集成与管理平台实现各专业设计信息的集成与共享；研究基于 BIM 的辅助设计工具，提高 BIM 应用工作效率；参与竣工验收模型与工程实体、竣工图纸的一致性审核工作。

2.2.5 施工单位的职责

(1) 根据建设单位 BIM 技术标准要求，结合工程设计方案、施工工法与工艺及项目管理要求继承或创建并深化施工图设计模型，形成施工阶段模型；施工阶段信息模型宜由需交付的信息模型和辅助施工的信息模型组成，需交付的信息模型宜向运营维护阶段传递，辅助施工的信息模型（包括临时设施模型、施工机械设备模型等），宜在施工阶段内传递和共享。

（2）利用施工模型完善施工方案、指导现场施工。

（3）通过BIM数据集成与管理平台对施工进度、质量、安全、成本等进行管理。

（4）按照建设单位BIM技术标准创建竣工验收模型。

（5）根据工程和企业自身需要，利用施工模型对合同产值或工程成本进行实时、精确的分析和计算，提高对项目投资的管理能力；综合应用数字监控、移动通信和物联网技术，实现施工现场即时通信与动态监管、施工时变结构及支撑体系安全分析、大型施工机械操作精度检测、复杂结构施工定位与精度分析、施工安全风险动态监控等智慧建造，提高施工精度、效率和安全保障水平。

2.2.6 监理单位的职责

（1）根据建设单位BIM技术标准要求，组织模型会审和基于三维模型的设计交底，审核施工过程模型信息与施工现场的一致性。

（2）协助建设单位审核竣工验收模型与工程实体、竣工图纸的一致性，并提出审核意见。

（3）利用BIM数据集成与管理平台辅助施工监理工作。

2.2.7 造价咨询、招标代理的职责

（1）利用BIM模型，对工程量进行统计，辅助完成

工程概算、预算和结算工作。

（2）根据建设单位委托招标代理合同要求，编制 BIM 专用条款及相关技术标准。

（3）根据合同要求提交 BIM 工作成果，并保证其正确性和完整性。

2.2.8　运营维护单位的职责

（1）在设计和施工阶段提前配合建设单位，确定 BIM 数据交付要求及数据格式，并在设计及竣工 BIM 交付模型验收阶段参与审核并提出意见。

（2）接收竣工 BIM 交付模型，搭建基于 BIM 的项目运维管理平台或与既有生产运营系统数据对接进行日常管理，并对建筑信息模型进行深化、更新和维护，保持适用性。

2.2.9　工程总承包单位的职责

（1）根据工程总承包项目的过程需求和应用条件制定项目 BIM 应用实施方案，并组织管理实施。

（2）按照工程总承包的管理需求，建立各方共享、统一的 BIM 设计模型、施工模型、竣工模型和运营维护模型，并实施动态管理。

（3）基于建筑信息模型，对多参与方、多专业的进度计划进行集成化管理，全面、动态地掌握工程进度、资源需求以及供应商生产及配送状况，解决施工和资源配置的冲突和矛盾，确保工期目标实现。

2 关于 BIM 的基础认知

（4）基于建筑信息模型进行产值统计、成本预测、控制、核算、分析等，有效提高投资和成本管控能力。

（5）基于建筑信息模型，对复杂施工工艺进行数字化模拟，实现三维可视化技术交底；对复杂结构实现三维放样、定位和监测；实现工程危险源的自动识别分析和防护方案的模拟。

（6）集成各分包单位的专业信息模型，管理各分包单位的深化设计和专业协调工作，提升工程信息交付质量和建造效率；优化施工现场环境和资源配置，减少施工现场各参与方、各专业之间的互相干扰。

（7）交付工程总承包 BIM 竣工模型，模型应包括工程启动、工程策划、工程实施、工程控制、工程收尾等工程总承包全过程中，用于竣工交付、资料归档、运营维护的相关信息。

2.2.10 全过程工程咨询单位的职责

（1）根据全过程工程咨询项目的过程需求和应用条件制定项目 BIM 应用实施方案，进行一体化动态管理。

（2）基于 BIM 技术信息平台，提供涵盖项目决策阶段和实施阶段的项目建设全过程的专业化工程咨询服务，实现数据共享和信息化管理。

2.3 BIM 协同

基于 BIM 的协同工作包括单专业的模型创建协同、

多专业的工作协同、各参建单位的管理协同。基于 BIM 的协同工作应根据 BIM 技术标准和管理体系，结合模型创建软件、BIM 数据集成与管理平台实施，提高协同效率。宜通过协同管理平台的搭建，固化建设单位的技术标准和管理流程，实现其既定的管理目标。单专业的模型创建协同应当制定模型共享规则，实现模型数据的相互参考。宜利用模型创建软件有效地管理和检测模型更改内容，记录项目各阶段模型的修改和版本变化。

多专业的工作协同应制定模型的定期共享规则，在关键时间节点开展专业协调。多专业的工作协同应符合以下要求：

（1）协同共享前明确各阶段协同目标和范围，包括对象、构件及检测标准等。

（2）记录并管理协同过程中发现的问题，形成工作报告，报告应详细描述位置信息及解决方案。

（3）在协同过程中，各方按协调一致的解决方案修改各自专业的模型。

（4）完成阶段性协同工作后，宜固化模型和文件。

各参建单位协同工作时，应在模型上增加提交人员、单位、时间、模型版本等管理信息。采用不同软件创建的模型，宜通过开放或兼容的数据交换格式进行模型数据转换，实现各参建单位模型的集成与共享。

为保障基于 BIM 的协同工作，模型数据共享规则应满足下列要求：

（1）模型元素应能被唯一识别，可在各专业和各相

2 关于 BIM 的基础认知

关方之间交换和应用。

（2）应记录共享模型的所有权状态、创建和更新者、创建和更新时间、使用的软件及版本等。

模型信息共享前应进行准确性、协调性和一致性检查，并应满足下列要求：

（1）模型数据须经过审核、清理。

（2）模型数据是已确认的最新版本。

（3）模型数据内容和格式符合数据互用要求。

信息模型在工程全生命期的继承和扩展应符合下列规定：

（1）设计阶段向施工阶段、施工阶段向运营维护阶段交付的信息模型应具有继承性和扩展性。

（2）设计阶段各专业和各相关方之间、施工阶段各相关方之间、运营维护阶段各相关方之间传递的信息模型应具有继承性和扩展性。

（3）信息模型的继承和扩展应保留原有模型的几何信息和非几何信息。信息模型的变更应按照项目各阶段工作流程由相关责任方完成。

2.3.1 建设方协同实施

将协同平台作为信息的收集、传递和展示平台（一般不含项目管理审批流程），改善建设单位项目管理工作界面复杂、与项目参与方信息不对称、建设进度管控困难等问题。建设方协同实施应符合下列规定。

（1）建设单位协同实施宜围绕项目目标，确定协同实施管理内容。

1）资料管理：实现项目建设全过程的往来文件、图纸、合同、各阶段 BIM 应用成果等资料的收集、存储、提取及审阅等功能。

2）进度与质量管理：及时采集工程项目实际进度信息，动态跟踪与分析项目进展情况；同时，检查与监督各参与方提交的阶段性或重要节点成果文件进行。

3）安全管理：宜结合施工现场监控系统，及时掌握项目实际施工动态；应及时发布安全公告信息。

4）产值或成本管理：结合项目的建筑信息模型与工程造价信息，有效集成项目实际工程量、工程进度计划、工程实际产值或成本等信息，方便进行动态化产值统计或成本核算。

（2）宜通过协同管理平台的搭建，固化建设单位的技术标准和管理流程，实现其既定的管理目标。

（3）基于 BIM 的建设方协同管理平台宜具备相应的可拓展功能，实现与其他信息平台或新技术的融合与对接。平台可拓展功能宜包括：与既有企业 OA 管理平台进行对接；基于云技术的数据存储、提取及分析等；与 AR（增强现实）、VR（虚拟现实）等体感设备终端互联；与 GIS（地理信息系统）、物联网、智能化控制系统、智慧城市管理系统（CIM）等多源异构系统集成。

2.3.2 设计协同实施

面向设计单位的设计过程管理和工程设计数据管理，基于项目的资源共享、设计文件全过程管理和协同工作。设计协同实施应符合下列规定：

（1）设计协同实施宜围绕设计管理目标，确定管理内容。

1）工程设计数据管理：结合行业BIM设计标准及企业合同要求，制定文件存储目录和权限授权，并设置合理的备份机制。

2）协同设计管理：建立并内嵌标准化的BIM应用流程，使各专业设计进行规范化的BIM设计工作。

3）设计成果审核管理：通过创建设计协同审核流程，对重要节点提交的设计成果进行审核，结合审阅和批注，实现对设计成果的有效审核以及成果质量管控。

4）设计成果归档管理：结合企业归档文件编码，对项目工程数据进行有序的归档。

（2）设计协同管理宜通过协同管理平台的搭建，为设计内部各专业、外部接口提供协同工作环境，固化技术标准和管理流程，实现既定的管理目标。

2.3.3 施工协同实施

通过标准化项目管理流程，结合移动信息化手段，实现工程信息在各职能角色间高效传递和实时共享，为决策层提供及时的审批及控制方式。施工协同实施应符合下列规定。

（1）施工协同管理宜围绕施工管理目标确定具体管理内容。

1）设计成果管理：根据施工需求，对设计模型进行深化、多专业碰撞检测和优化。对存在问题进行修改、跟踪和记录。同时，对设计文件进行发布、存档等管理。

2）进度管理：模拟和评估进度计划的可行性，识别关键控制点；以建筑信息模型为载体集成和跟踪各类进度信息，为进度计划的实时优化和调整提供支持。

3）合同管理：将合同主体信息、合同清单与建筑信息模型进行集成，便于查阅、履约过程跟踪，及时发现履约异常状态。

4）产值或成本管理：将工程清单信息或成本信息录入并与施工信息模型关联，实现快速准确计算工程量，并进行不同维度的产值或成本计算分析、比较和控制。

5）质量安全管理：可通过三维可视化动态漫游、施工方案模拟等，预先识别工程质量和安全的关键控制点；将质量、安全管理要求集成到模型中，进行质量、安全方面的模拟仿真以及方案优化；关联可移动设备对现场质量、安全进行检查。

（2）施工协同实施宜通过协同管理平台，为施工总包、各专业分包、外部接口提供一体化协同工作环境，固化技术要求和管理流程，实现施工既定的管理目标。

（3）施工协同管理平台宜具备良好的数据兼容能力；

可实现各种相关数据与模型的实时关联，实现工程数据互联互通；项目管理各参与方数据信息的集成应用，具备一定的计算分析、模拟仿真以及成果表达能力。

2.3.4 咨询协同实施

（1）项目协同：存储项目各方数据文档，并进行权限设置；协同项目建设单位、设计单位、施工单位在相同的建筑信息模型中工作。

（2）问题反馈：将建筑信息模型中存在的相关问题反馈给责任方，并跟踪问题解决情况。

（3）成本和进度管控：配合责任方根据建筑信息模型对成本和进度进行有效管控。

2.3.5 施工监理协同实施

对施工准备阶段及施工阶段的工程质量、工程进度、工程造价、安全生产管理、工程变更等方面的BIM应用进行监理。

（1）模型及文档管理：存储施工监理过程中的数据和文档，督促相关责任方及时解决建筑信息模型反馈的问题。

（2）设计问题跟踪：监督施工阶段发现与设计有关的建筑信息模型问题是否得到及时解决和变更，确保施工过程出现的设计问题能够销项闭环。

（3）施工质量检查：定期对施工现场进行巡检，核查建筑信息模型与现场的一致性，监管现场按图施工。

（4）投资管控：监督现场施工签证流程，降低不必要的设计变更频率。

设备供应单位应根据建设单位 BIM 技术标准要求，提供适用于日常管理的设备简化模型或适用于检修的设备精细化模型。第三方监测单位、质量检测机构、风险咨询机构、材料供货商等参建单位，应按照建设单位 BIM 技术标准要求创建模型或提供信息。

项目宜建立统一 BIM 协同管理平台，平台应具有良好的兼容性，能够实现数据和信息的有效共享。具体功能应符合下列要求。

（1）模型及文档管理：可利用建筑信息模型将发现的问题进行分类、统计，并做出相关分析；支持建筑信息模型上传下载功能，支持图纸存放管理，支持文件更新改动自动通知及显示。

（2）各参与单位信息交互及权限管理：可集合各参与单位资料信息，支持各参与单位访问权限设定。

（3）模型信息全面提取：可集成建筑信息模型包含的各项信息（BIM 软件包含的所有信息），包括修改记录、专项模型信息、分析报告、变更信息、模型信息可视化、模型信息可分类统计、模型信息可批量输出等。

（4）BIM 模型操控：可支持轻量化模型并对分专业模型进行管理；可支持长度、面积、体积等测量，以及模型任意位置的剖切观察；可支持模型的组合装配，预留视点进行定点浏览模型等功能。

2 关于BIM的基础认知

（5）平台接口统一完整：应具有浏览器等软件完整接口。

（6）BIM成果应用：可对BIM成果进行浏览，输出批注、量度尺寸、构件的详细信息、工程量、漫游及模拟动画等BIM成果。

（7）支持多客户端使用：可在计算机、手机、平板电脑等设备客户端协同实施。

2.4 模型创建与管理

工程项目开展BIM应用工作前，应根据工程需要对各阶段的BIM应用内容、模型种类和数量、软硬件需求等进行整体规划。

工程建设各阶段的模型包括可行性研究模型（或方案设计模型）、初步设计模型、施工图设计模型、深化设计模型、施工过程模型和竣工验收模型等。深化设计模型宜在施工图设计模型基础上，通过增加或细化模型元素等方式进行创建；施工过程模型宜在施工图设计模型或深化设计模型基础上创建；竣工验收模型宜在施工过程模型的基础上，根据工程验收要求，通过修改、增加或删除相关信息创建。

设计、施工和运营维护阶段的模型体系层级应按项目级、单体级、专业级、构件与设备级、钢筋与零件级五个层级进行组织。

利用三维地理信息系统（3D-GIS）的多源空间数据

整合和三维数据可视化能力，结合 BIM 辅助设计和施工、倾斜摄影测量快速建模等新技术手段支持建设工程全生命周期的项目实施。

工程 BIM 应用应建立协调机制和方法，使各阶段模型能集成为逻辑上唯一的本阶段项目部分或整体模型。信息模型在工程项目全生命期内应具备数据源唯一性，并应被唯一识别。

工程建设各阶段的模型创建应考虑所处阶段 BIM 应用内容和模型数据集成的需求，并对模型创建软件和创建方法进行规定。信息模型的不同表达方式应保持数据交换格式的一致性，信息模型可以在不同的软件环境下进行创建，保持数据交换格式的一致性才能保证不同软件表达的信息模型能够传递共享。

在满足 BIM 应用需求的前提下，模型创建可采用较低的模型细度。各参建单位按照合同要求及 BIM 实施方案开展模型创建、使用和管理工作，并按要求向建设单位交付相关模型和资料。各参建单位根据建设单位的协同工作管理办法，获取相关模型及应用成果。工程各参建单位应保证各自创建的模型及应用成果的真实、完整、有效。

信息模型的应用宜在项目层级建立协同环境。协同环境宜满足下列要求：

（1）支撑基于信息模型的协同工作方式，实现相关信息的数据协同和文件协同工作。

（2）实现信息模型及其相关信息使用权限的管理。

（3）支持信息模型数据的交换需求。

(4) 支持基于信息模型并具备生产管理功能的软件技术集成需求。

2.5 模型与文件管理

工程建设单位应对 BIM 应用过程中的模型与文件进行管理，管理范围包括下列内容。

（1）模型：建设各阶段参建单位交付的模型。

（2）文件：BIM 技术标准和各阶段 BIM 应用产生的分析报告、模拟视频、渲染图片、数据表格、三维模型视图等成果文件。

通过试点示范项目的 BIM 技术标准应用，编制企业 BIM 标准，项目的命名应按照企业已有标准管理办法执行。其他模型和文件的命名宜符合下列要求：

（1）命名宜包含项目、阶段、区域、专业、版本和模型创建软件等信息。

（2）命名宜使用汉字、拼音或英文字符、数字和连字符"-"的组合。

（3）命名中使用的项目编号和专业代码等，应与建设单位的工程管理规定保持一致。

（4）在同一项目中，应使用统一的文件命名规则。

文档、表格、图纸、模型、影像资料等的数据格式应满足施工图归档要求和项目实施需要。模型和文件的归档管理应结合企业已有档案管理办法。

2.6 模型交付

模型所包含的信息及交付物应符合合同约定条款、项目模型创建标准以及国家现行有关标准的规定,并应满足项目的使用需求。有关标准指行业主管部门颁布的规范性文件、行业优秀企业标准等;使用需求指通过合同约定的与模型相关的需求。

交付物在交付过程中应保持数据的有效关联,数据信息的内容和格式在交付前后应保持一致。

模型的交付成果应保障各相关方的知识产权。

模型深度等级应按工作阶段划分,各阶段模型及其对应的模型深度等级代码应符合表2-1的规定。

表2-1 工作阶段模型深度等级划分表

阶段模型名称		模型深度等级代码
设计阶段	可行性研究模型	LOD100
	初步设计模型	LOD200
	施工图设计模型	LOD300
施工阶段	施工深化模型	LOD350
	施工过程模型	LOD400
	交工验收模型	LOD500
运营维护阶段	运维深化模型	LOD550
	运营管理模型和维护管理模型	LOD600

模型交付成果文件应包括BIM模型及其属性数据、模型说明、模拟分析报告、碰撞检查报告、二维截图、工

程量清单、交付成果清单等各类 BIM 应用形成的成果文件。测量、岩土勘察专业的信息模型成果应独立交付。

各阶段提交的建筑信息模型及成果信息应符合各阶段建筑信息模型深度要求；建筑信息模型和模型构件的形状、尺寸以及模型构件之间的位置关系应准确无误，并且可以根据项目实施进度进行深化或补充，最终反映实际施工情况。

模型交付成果应采用电子文件的方式交付，非模型交付成果应符合现行行业标准的有关规定。非信息模型交付成果指根据现行行业标准规定应交付的技术报告、图纸、技术规格书等。

2.7 勘察阶段的 BIM 应用

通过基于 BIM 三维可视化岩土工程勘察信息模型（以下简称工程勘察信息模型）可直观地进行不同地基基础方案对比分析，合理选择相关岩土工程参数和数值分析模型，提高岩土工程设计与施工的可靠性，降低工程风险的不可预见性。对工程建设中的岩土工程问题进行预测，提出监控和预防措施的建议。

构建工程勘察信息模型实施步骤应符合以下原则：

（1）将地形数据与勘探点的岩土层、地下水信息和岩土参数导入工程设计三维可视化软件系统，利用工具软件进行预处理，获得各土层、地下水的层面空间信息。

（2）利用数据接口将土层的三维数据以体量的形式

导入工程设计信息模型中,实现岩土体、地下水分布的三维可视化。

(3) 利用工程设计软件系统内嵌的图形功能实现地层剖面的任意指定显示,为基础结构选型、基础持力层选择提供准确数据支撑。

在实现岩土工程勘察数据可视化的基础上,建立相应的岩土工程设计专业构件库;开发基于BIM应用平台的现有设计、计算软件数据接口,实现岩土工程的全程无缝连接;实现任意点岩土工程数据的自动提取和计算,并应符合以下原则:

(1) 在实现岩土工程勘察数据初步可视化的基础上,开发各种岩土工程设计相应的构件库,使岩土工程设计各种结构构件可以在基于BIM技术平台基础上的三维辅助设计软件中以合适方式输入。并应考虑适宜的三维输入模型的平面施工图绘制模式;发展与专业岩土工程计算软件的数据接口,实现岩土工程设计绘图的基于BIM技术的全程无缝连接。

(2) 在岩土工程勘察数据初步可视化的基础上,实现主体结构与岩土工程信息模型交接界面信息的提取。为主体结构和地基分离计算模式提供充分的数据支持,实现任意点岩土工程数据的自动提取和计算。

2.7.1 数据准备

(1) 岩土工程勘察基本数据的录入:拟建工程的岩

土工程重要性等级、场地等级、地基等级和岩土工程勘察等级。附有坐标标高（等高线）的征地红线地形图、建筑总平面布置图、拟建场地地面整平标高、临近建构筑物平面位置等。并应尽可能提供建筑物的荷载、基础形式、埋置深度，允许变形值等。

（2）根据不同岩土工程勘察阶段，由技术负责人初步审核岩土工程勘察资料（各种现场勘探资料、原位测试和检测成果、室内试验资料），至少应包括以下内容：

1）征地红线范围内岩土层的类型、埋藏深度，分布范围，即应提供每一岩土层的平面坐标和标高；场地地下水位埋深和厚度（坐标和标高），如有多层地下水，则应提供每一含水层的埋深和厚度（坐标和标高）。

2）现场勘探和原位测试如采用多种不同勘探手段和测试方法时，应分别提供原始数据和相应的坐标和标高，并单独提供经技术负责人初步审核后的综合成果数据。

3）当场地存在对工程设计、施工有影响的古河道、墓穴、防空洞、孤石、地下管线和地下构筑物等不明地质体或埋藏物时，应分别提供其平面分布范围和埋藏深度（坐标和标高）。

（3）建模范围应以用地红线为边界，当红线范围外存在对工程有影响的不良地质作用或既有建（构）筑物、地下管线等时，应适度扩大其建模范围，为工程设计、治理等提供依据。

2.7.2 岩土层面数据输入

（1）地层的各种地质界面都以曲面、曲线的几何形式存在，而曲线和曲面是几何形状在计算机中数字化表达的基础，是几何实体表达的基本元素。岩土层地质界面应以曲面的形式进行数字化。

（2）进行岩土层面的逆向建模宜将精度控制在 0.5m 以内。该精度是指量测点投影到重构曲面的距离偏差值。

（3）为降低有限元分析的数值计算难度，地质曲线块间至少应具备 G1 连续。可以利用斑马纹进行连续性检查。

（4）可以结合现场勘察数据密度，采用云点、网格、等高线等源数据形式进行地质曲面的重构。

（5）使用云点构建地质曲面应注意设定的合适拉伸投影面方向，并且给定合理的曲面控制点数或曲面次数。

（6）利用现场源数据构建岩土层面后，即可利用相邻岩土界面顶面、底面的相关关系。通过封面操作实现基于 BIM 技术的实体建模。

（7）应尽量采用工程物探、原位测试等与钻探相结合的综合勘察方法，加密勘探点间距，提高岩土界面的划分精度。

（8）对于夹层、透镜体、孤石等非成层的岩土体，应在成层分布的岩土材料已形成三维可视化信息模型的基础上，利用布尔运算将非成层区域引入信息模型。

（9）地下水的信息模型数据输入可参照岩土层的输入方式。

2.7.3 岩土工程数据库的建立

（1）在岩土工程勘察三维可视化信息模型的基础上，应将相关岩土材料的属性参数采用内置或链接的形式与图形对象实现关联。

（2）土体属性和物理力学参数至少应包含以下信息：岩土的分类、塑性指数、液性指数、天然容重、干容重、含水率、密实度、压缩模量、内聚力、内摩擦角等物理力学指标。砂性土和粗颗粒土尚需补充颗粒组成。

（3）岩体属性和物理力学参数至少应包含以下信息：岩石的岩性、地质名称、风化程度、岩石坚硬程度、岩体完整程度、岩体基本质量等级。岩体的描述应包括：结构面、结构体、岩层厚度和结构类型。

（4）岩土工程勘察数据库系统应具备在三维交互界面下双向检索的功能，应内置有关岩土参数的统计、分析功能模块。

（5）岩土工程勘察数据库系统应内嵌基于现行规范的专家库模块，具有根据现行规范的有关规定对实验数据、分析内容进行初步合理性判别的功能。

（6）鉴于地质三维信息建模技术可能存在与实际土层分布差异较大的情况，岩土工程勘察数据库系统应具有人工交互调整岩土体界面形状的功能。

(7) 岩土工程勘察数据库系统应具备在任意指定位置提供纵、横剖面的功能。

2.7.4 工程应用

(1) 包含岩土材料属性的工程勘察信息模型必须可以采用 IGES、ACIS、STEP 等格式导入工程设计 BIM 软件系统。相关的岩土材料属性可以利用数据库关联技术，以共享参数的形式将岩土材料属性与工程设计 BIM 系统中的构件实例形成关联。

(2) 经定制开发的工程勘察信息模型应具备在任意指定位置获取工程地质柱状图、主要岩土层等高线和等值线图的能力，以便为相关专业的基础设计施工提供数据支持。

(3) 对于柱下独立基础：工程勘察信息模型应具备根据指定持力层和相关岩土参数可自动计算框架柱下基础承载力和埋置深度标高的功能。

(4) 对于桩基础：工程勘察信息模型应具备根据指定持力层和相关岩土参数可自动计算任意位置单桩承载力的功能。

(5) 对于基坑工程：工程勘察信息模型应具备模拟开挖的功能，通过施工模拟判定基坑开挖对相关岩土层变形情况，以及地下水控制对基坑开挖和支护结构的影响。

(6) 对于岩土工程设计：应开发专用的岩土工程设计构件库，实现岩土工程设计三维数字化，还应结合监测

2 关于BIM的基础认知

信息模型软件系统，实现实时预警、预报能力，以提升不同工程类型支护系统的风险防控水平。

（7）经定制开发的工程勘察信息模型应具备将场地工程勘察信息模型的相关信息无损传递给岩土工程有限元分析计算软件的功能，并能用于地下结构设计。

2.8 可行性研究阶段的BIM应用

可行性研究阶段包括预可行性研究和工程可行性研究两个阶段。预可行性研究阶段宜采用BIM技术和数据集成管理平台，利用三维GIS技术的空间分析和可视化功能，论证项目建设的必要性，合理确定项目的建设规模，了解工程自然条件、外部条件，分析工程与有关规划、政策的符合性，综合评价工程建设的可能性，论证确定工程的建设地点，初步确定工程总平面布置方案、装卸工艺及主要设备，初步确定水工建筑物结构、布置及配套工程，初步提出工程建设采取的环境保护措施。BIM技术在本阶段的应用目的是将烦琐的文字、图纸资料、各类要求整合到建筑信息模型文件中，为后续设计及审批提供符合规定的基础数据。

预可行性研究阶段BIM应用基础数据源：

（1）区域地理信息系统（GIS）数据；

（2）策划与规划阶段收集的相关调查信息；

（3）项目规划建设主管部门对项目的建设要求；

（4）建设单位的建设需求；

(5) 场地模型和方案模型；

(6) 规划部门对项目地块的要求信息；

(7) 项目地块周边环境信息。

(8) 项目建议书相关资料；

(9) 项目调查、相似项目考察等资料；

(10) 相关场地模型、概念模型提取的相应建设条件资料。

工程可行性研究阶段通过深入调查现状和运输需求预测，进一步论证项目建设的必要性；以方案设计模型为基础，对设计方案进行规划符合性分析及地质适宜性分析等，选择最优设计方案，基本确定工程总平面布置方案、装卸工艺及主要设备方案、水工建筑物及附属设施的结构及布置，对集疏运、供电、给排水、消防等配套工程方案提出初步模拟意见，确定港口岸线使用方案，并依托区域性 GIS 平台进行相关区域的规划控制管理。本阶段的 BIM 技术应用主要目的是验证项目可行性研究报告提出的各项指标，进一步推敲、优化设计方案，借助场地建筑信息模型分析建筑物所处位置的场地环境，搭建建筑单体方案设计阶段建筑信息模型，为初步设计阶段的 BIM 应用及项目审批提供数据基础。

工程可行性研究阶段 BIM 应用数据源：

(1) 项目建议书相关资料（前期工程勘察数据信息，包括项目地块信息、现有规划文件、工程勘察报告、工程水文资料等）；

(2) 项目场地周边地形信息，可来源于 GIS 数据、

2 关于BIM的基础认知

电子地图；

（3）相关场地模型、方案模型提取的相应建设条件资料；

（4）方案设计说明及相关资料、方案设计依据及相关资料；

（5）最终设计方案建筑信息模型；

（6）项目涉及的造价指标或定额、项目涉及的设备材料供应选型及价格等、与本项目具有可比性的已完项目造价资料。

2.9 初设阶段的BIM应用

初步设计阶段可应用BIM对设计方案或重大技术问题的解决方案进行综合分析，协调设计接口、稳定主要外部条件，论证技术上的适用性、可靠性和经济上的合理性。

初步设计阶段宜利用初步设计模型对总平方案、工艺方案、建筑方案、结构方案、各专项风险工程、交通影响范围和疏解方案、管线影响范围和迁改方案等进行可视化沟通、交流、讨论和决策。

初步设计阶段BIM应用主要包括下列内容。

（1）设计方案可视化：利用初步设计模型展现设计方案并进行方案分析，充分展示项目与周边环境的空间关系，进行方案沟通交流。

（2）设计方案比选：建立比选设计方案模型，对各方案的可行性、功能性、美观性等方面进行分析，形成相应的方案比选报告，选择最优设计方案。

（3）施工工法模拟：利用初步设计模型模拟施工工法并形成模拟视频，清晰表达设计方案的施工工法、辅助措施等信息，辅助施工工法的论证和比选。

（4）工程量统计、管线碰撞检查、三维管线综合、限界优化设计、设计进度、质量管理等其他应用。

设计阶段信息模型宜由需交付的信息模型和辅助设计的信息模型组成，需交付的信息模型宜向施工阶段和运营维护阶段传递，辅助设计的信息模型宜在设计阶段内传递和共享。设计阶段需交付的信息模型是项目设计成果的表达，包括项目的所有几何信息和非几何信息；辅助设计的信息模型是设计过程中创建的临时模型，是设计阶段内的中间成果，包括计算分析信息模型、仿真分析模型等。

2.10 施工图设计阶段的 BIM 应用

施工图设计阶段可应用 BIM 对设计方案进行综合模拟及检查，优化方案中的技术措施、工艺做法、用料等，在初步设计的基础上辅助编制可供施工和安装阶段使用的设计文件。

施工图设计阶段宜利用模型开展设计进度和质量管理、设计优化、管线碰撞检查、三维管线综合、预留预埋检查及工程量统计等方面的应用，提高设计质量。

施工图设计阶段BIM应用主要包括下列内容。

（1）设计进度和质量管理：利用BIM数据集成与管理平台实现对设计图纸和BIM交付成果的集中存储与管理，保证交付数据的及时性与一致性，在BIM数据集成与管理平台中进行设计任务分配及模型管理，确保信息沟通及时准确、工作开展顺畅有序，提高设计效率和质量。

（2）限界优化设计：利用施工图设计模型，开展限界与土建、设备的碰撞检查，辅助设备限界和建筑限界设计，提高设计质量。

（3）管线碰撞检查：利用施工图设计模型检测专业之间或专业内部的设施设备空间布置是否碰撞、是否满足特定间距要求，形成碰撞分析报告，辅助优化设计。

（4）三维管线综合：根据碰撞分析报告和管线综合技术要求调整管线布置，优化设备及管线空间排布，使其满足安装、运行及维护检修的空间使用要求，输出关键节点部位等的三维模型视图，辅助设计交底。

（5）预留预埋检查：根据管线综合后的施工图设计模型梳理墙、板以及二次结构的孔洞预留和预埋件布置，输出预留孔洞图纸（应包含形状、尺寸、位置等信息）和预埋件布置图纸（应包含类型、规格、位置等信息），实现预留孔洞和预埋件的提前检查，规避工期延误风险和质量隐患。

（6）工程量统计：利用施工图设计模型输出各清单子目工程量与项目特征信息，根据工程量清单中的分部分项优化完善模型数据，保证清单项与构件一一对应，辅助编制、校核工程量清单，提高各阶段工程造价的效率与准确性。

（7）建筑能耗分析、日照分析、结构计算分析、岩土工程分析、大型设备运输路径检查等其他应用。

2.11 施工阶段的 BIM 应用

2.11.1 施工准备

施工准备阶段一般是从项目招投标到工程开工为止，施工准备工作是项目施工顺利进行的重要保证。在实际项目中，每个分部分项工程并非同时进行，因此施工准备阶段通常贯穿整个项目施工阶段。主要工作内容是为项目施工建立必需的策划和组织条件，统筹安排施工力量和施工现场，使工程具备开工和施工的基本条件。施工准备阶段可应用 BIM 对工程施工方案开展深化设计及虚拟建造，深入理解设计意图、分析工程重难点，全面优化施工组织设计。

施工准备阶段应结合施工工艺和现场情况，利用模型开展机电深化设计、装修深化设计、土建深化设计、大型设备运输路径检查、关键复杂节点工序模拟和工程筹划模拟等方面的应用，指导现场施工。

施工准备阶段的 BIM 应用主要包括以下内容。

（1）机电、工艺深化设计：利用深化设计模型，根据施工需要和规范要求对各系统的设备空间布置、墙面箱柜协调、支吊架设计及荷载验算等进行深化设计，利用深化设计模型输出管线排布、综合支吊架设计、设备机房布置等的三维模型视图，指导构件加工和现场安装，保障设备安装的材料节约、布置紧凑、使用方便和设计美观。

（2）装修深化设计：利用深化设计模型，结合装修方案进行建筑和结构之间的影响分析、管线校核和标高控制，对各类设施的平衡进行检查，优化装修设计效果及空间位置关系，确保装修方案美观、合理、可行，利用深化设计模型输出建筑关键部位的三维模型视图，辅助论证装修方案、指导现场施工。

（3）土建深化设计：利用深化设计模型，获取穿墙点相关管线与桥架构件的尺寸、位置和高度等信息，截取开孔剖面，以表格形式输出包含孔洞编号、尺寸和高度等信息的孔洞清单，指导施工现场孔洞预留，利用深化设计模型在预埋件布置部位获取类型、规格、位置和高度等信息，截取包含尺寸标注的预留预埋布置图，指导施工现场预埋件布置，避免由于错、漏导致的管线拆改、封堵孔洞、重新开凿和重新埋设等，达到节约材料和工期的目的。

（4）大型设备运输路径检查：利用深化设计模型模拟风机、机柜等大型设备的运输、安装和检修方案，检查运输方案并形成问题报告，说明运输过程的碰撞点位置、碰撞对象，指导运输方案的优化，输出可实施的大型设备运输路径模拟视频，指导施工阶段的设备运输和安装。

(5) 关键、复杂节点工序模拟：利用深化设计模型对施工工艺复杂、结构形式特殊、专业施工交叉密集及施工风险突出的工程关键点进行施工工序模拟，生成模拟视频，利用模型和模拟视频进行三维可视化交底，提高施工质量、减少返工。

(6) 工程筹划模拟：利用深化设计模型对施工场地布置、周边环境及构筑物改迁、施工方案及施工资源配置进行动态模拟，优化施工方案，保证工程筹划的合理性。

(7) 钢结构深化设计、混凝土预制构件生产、钢结构构件加工、机电、工艺产品加工等其他应用。

2.11.2 施工实施

施工实施阶段是指自工程开始至竣工的实施过程。在施工准备阶段的 BIM 工作基础上，将 BIM 技术贯穿到施工实施全过程，不断动态优化调整完善施工过程模型，发现潜在问题并及时解决，以达到提质增效的作用。

施工实施阶段可应用 BIM 创建虚拟现场，利用 GIS、物联网、移动互联等技术开展标准化管理、进度管理、安全风险管理、质量管理、重要部位和环节条件验收、产值与成本管理等方面的应用，实现对工程项目的精细化管理。

施工实施阶段的 BIM 应用主要包括下列内容。

(1) 标准化管理：根据法律法规、企业标准化施工管理办法等，确定场地布置、工艺流程和质量控制等方面的标准化工作要求，创建包含临建、安全防护设施、施工

2 关于BIM的基础认知

机械设备、质量控制样板、质量通病等的标准化管理模型,对场地布置方案、施工工艺、施工流程、质量安全事故等进行模拟,开展施工交底、实施、管理及考核等标准化管理活动。

(2)进度管理:根据施工组织设计和进度计划对深化设计模型进行完善,在模型中关联进度信息,形成满足进度管理需要的进度管理模型,利用BIM数据集成与管理平台进行进度信息上报、分析和预警管理,实现进度管理的可视化、精细化、便捷化。进度管理成果应包括以下内容:

1)施工计划模拟演示文件。表示施工计划过程中的整个工程进度安排、活动顺序、相互关系、施工资源、措施等信息。

2)施工进度控制报告。不同情况下的进度调整、控制文件,包括不同情况的施工计划展示视图,以及一定时间内虚拟模型与实际施工的进度偏差分析等。

(3)质量管理:以深化设计模型为基础建立质量管理模型,根据质量验收标准和施工资料标准等确定质量验收计划,进行质量验收、质量问题处理和质量问题分析等工作,可利用移动互联、物联网等信息技术将质量管理事件录入BIM数据集成与管理平台,建立工程质量信息与模型的关联关系,实现工程质量问题追溯和统计分析,辅助质量管理决策。质量管理成果应包括:施工质量检查报告及解决方案。

(4)安全风险管理:以深化设计模型为基础,根据施工安全风险管理体系增加风险监测点模型和风险工程等信息，建立安全风险管理模型，利用BIM数据集成与管理平台建立环境模型与安全风险监测数据的关联关系，实现对施工安全风险的可视化动态管理。安全风险管理成果应包括以下内容：

1）施工安全设施配置模型。

2）施工安全分析报告及解决方案。

（5）重要部位和环节条件验收管理：根据工程重要部位和环节施工前条件验收的具体实施办法和要求，利用BIM数据集成与管理平台查询施工过程模型的重要部位和环节的验收信息，快速获得验收所需准备工作及各项工作完成情况，提高条件验收工作沟通和实施的效率。

（6）产值与成本管理：以深化设计模型为基础，将合同工程量清单与模型构件关联，结合进度进行产值统计；根据清单规范和消耗量定额要求创建成本管理模型，通过计算合同预算成本，结合进度定期进行三算对比、纠偏、成本核算、成本分析工作，可根据实际进度和质量验收情况，统计已完工程量信息、推送相关数据、输出报表等，辅助验工计价工作。

（7）验收管理：根据现行国家标准、地方标准、行业标准的规定，单位工程预验收、单位工程验收、项目工程验收和竣工验收前，在施工过程模型中添加或关联验收所需工程资料，单位工程预验收、单位工程验收、项目工程验收和竣工验收时，利用模型快速查询和提取工程验收所需资料，通过对比工程实测数据来校核工程实体，提高验收工作效率。

2 关于BIM的基础认知

施工阶段BIM实施流程如图2-1所示。

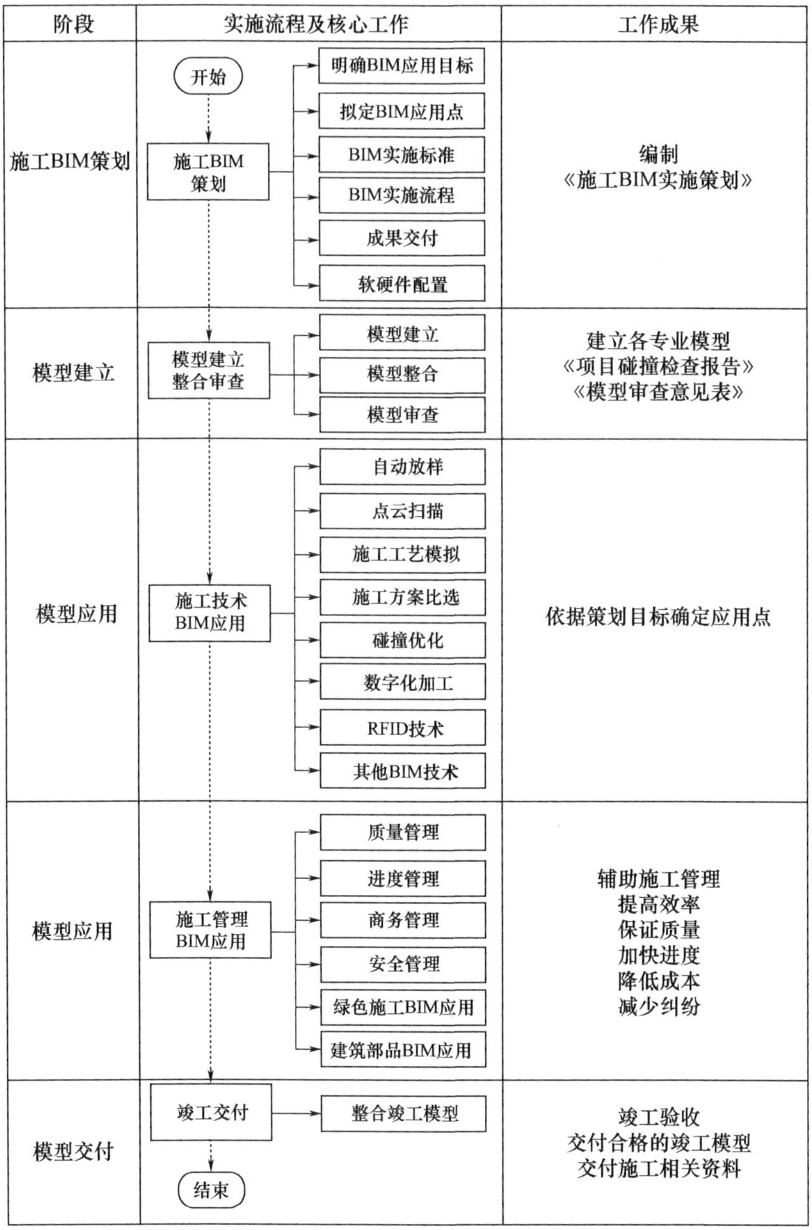

阶段	实施流程及核心工作	工作成果
施工BIM策划	施工BIM策划 → 明确BIM应用目标／拟定BIM应用点／BIM实施标准／BIM实施流程／成果交付／软硬件配置	编制《施工BIM实施策划》
模型建立	模型建立整合审查 → 模型建立／模型整合／模型审查	建立各专业模型《项目碰撞检查报告》《模型审查意见表》
模型应用	施工技术BIM应用 → 自动放样／点云扫描／施工工艺模拟／施工方案比选／碰撞优化／数字化加工／RFID技术／其他BIM技术	依据策划目标确定应用点
模型应用	施工管理BIM应用 → 质量管理／进度管理／商务管理／安全管理／绿色施工BIM应用／建筑部品BIM应用	辅助施工管理 提高效率 保证质量 加快进度 降低成本 减少纠纷
模型交付	竣工交付 → 整合竣工模型 → 结束	竣工验收 交付合格的竣工模型 交付施工相关资料

图2-1 施工阶段BIM实施流程

2.11.3 施工监理

施工阶段的监理BIM应用分为两阶段：施工准备阶段和施工实施阶段。BIM技术应用主要有两方面：监理控制、监理合同与信息管理。

监理控制的BIM应用内容包括：

（1）在施工准备阶段，协助建设单位组织开展建筑信息模型会审和设计交底，输出模型会审和设计交底记录。

（2）在施工实施阶段，将监理控制工作开展过程中产生的数据附加或关联到模型中，过程数据包括两类：

1）对施工单位录入内容的审核确认信息。

2）监理工作的过程记录信息。

监理合同与信息管理的BIM应用内容包括：

（1）识别合同管理的控制要点，附加或关联到模型中，完成合同分析、合同跟踪、索赔与反索赔等工作内容。

（2）动态管理BIM信息，生成符合要求的竣工模型和验收记录。

需进行会审和设计交底的建筑信息模型包括但不限于：施工图设计模型、深化设计模型、施工过程模型。建筑信息模型会审和设计交底的记录需附加或关联到相关模型。

施工监理控制的交付成果宜包括：模型会审记录，设计交底记录,设计变更记录,质量、成本、进度、安全生产管理等过程记录,监理实测实量记录,竣工验收监理记录等。

2.12 竣工验收阶段的 BIM 应用

2.12.1 一般要求

基于 BIM 的施工竣工验收管理,注重在施工过程中将工程信息实时录入协同管理平台,并关联 BIM 模型相关部位,根据项目实际情况进行修正,最终形成与实际工程一致、包含工程信息的竣工模型。采用全数字化表达方式进行竣工模型的信息录入、集成及提交,对工程进行详细的分类梳理,建立可视化、结构化、智能化、集成化的工程竣工信息资料,并按合同约定办理工程信息模型交验相关手续,保证信息安全。

对于 BIM 竣工模型,其数据不仅包括建筑、结构、机电等各专业模型的基本几何信息,同时还应该包括与模型相关联的、在工程建造过程中产生的各种文件资料,其形式包括文档、表格、图片等。

通过将竣工资料整合到 BIM 模型中,形成整个工程完整的 BIM 竣工模型。竣工验收阶段产生的所有信息应符合国家、行业、企业相关规范、标准要求,并按照合同约定的方式进行分类。竣工模型的信息管理与使用宜通过定制软件的方式实现，其信息格式宜采用通用且可交换的格式，包括文档、图表、表格、多媒体文件等。

竣工模型数据及资料包括但不限于：

(1) 各专业施工过程 BIM 模型；

(2) 施工管理资料；

(3) 施工技术资料；

(4) 施工测量记录；

(5) 施工物资资料；

(6) 施工记录；

(7) 施工试验资料；

(8) 过程验收资料；

(9) 竣工质量验收资料。

对竣工模型有运维需求的项目，还应包含设备材料信息、系统调试记录等。

2.12.2 模型信息验收、调用与维护

(1) BIM 竣工模型中的信息，应满足国家、地方及行业现行标准中对质量验收资料的要求。如涉及运维部分，应满足业主运维管理所需资料及信息要求。

(2) 模型资料交付前，必须进行内部审核，录入的资料、信息必须经过检验，并按接收方的需求进行过滤筛选，不宜包含冗余信息。

(3) 模型及附属信息应标注信息的录入者、录入时间、应用软件及版本、编辑权限，针对不同的信息接收方

2 关于BIM的基础认知

进行权限分配，保证信息的安全性。

（4）相关任务方需设置专人对信息进行管理维护，保证信息的及时更新。

（5）相关管理系统信息数据宜采取数据库存储的方式与BIM信息模型关联，以便相关任务方直接调取。

2.12.3 应用流程

竣工验收BIM应用流程如图2-2所示。

操作步骤如下：

（1）施工单位在施工过程模型基础上进行模型补充和完善。

（2）预验收合格后，将工程预验收形成的验收资料与模型进行关联。

（3）竣工验收合格后，将竣工验收形成的验收资料与模型关联，形成竣工验收模型。

（4）将竣工验收相关信息和资料附加或关联到竣工验收模型，并与工程实测数据对比。宜采用现场实测数据或者三维激光扫描数据文件作为对比依据。

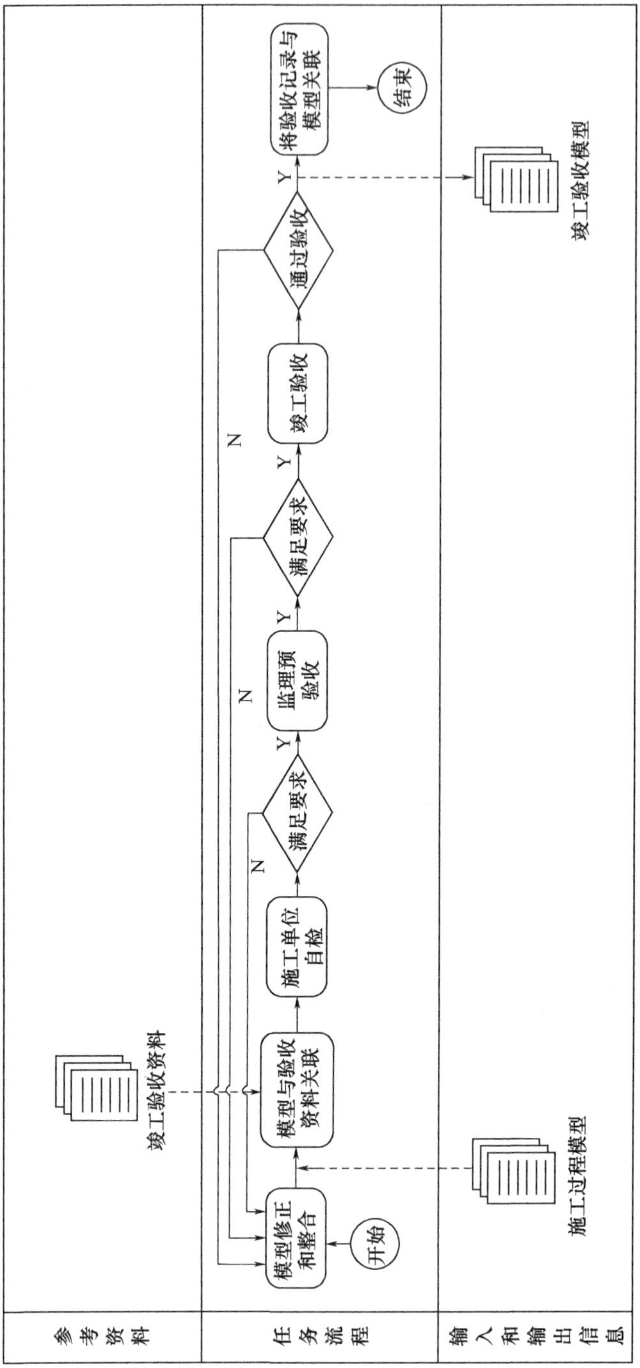

图 2-2 竣工验收 BIM 应用流程

3 设计施工总承包阶段 BIM 工作要求

3.1 总体要求

3.1.1 适用范围

本工作要求作为连云港国际汽车绿色智能物流中心工程设计施工总承包合同的组成部分。中标单位与发包人签订合同后，在发包人组织下，以本要求为基础，编制《施工图设计BIM实施方案》《施工图设计BIM组织架构及资源配置表》《BIM模型构建进度计划》《BIM实施细则（设计、施工）》以及《BIM实施经验总结报告（设计、施工）》等管理制度，细化完善该要求，并提交发包人组织评审。

3.1.2 工作目标

在发包人的领导和监督下，依照本要求和相关管理制度的要求，执行项目设计阶段和施工阶段所有BIM相关工作和职责。具体包括完成所有BIM相关工作，选择适宜的专业和内容进行BIM正向设计试点和BIM创新应用，负责协调、整合、检查各设计阶段BIM设计工作和成果，控制整个设计阶段BIM工作的进度、质量等，保证项目BIM设计工作和施工BIM应用工作顺利进行和成果符合要求，为竣工阶段数字化交付的顺利实施奠定基础。

3.1.3 BIM工作原则

（1）可持续性原则。承包人应保证BIM模型等所有项目信息在项目周期内有效传递，避免出现模型和信息的采集错误、使用错误、传递不畅、重复建模等问题。随着项目的不断深入，BIM模型等项目信息应持续更新并及时提交给发包人，保证本阶段所有项目信息有效归集并存档。

（2）技术应用原则。承包人应将BIM技术作为指导、管理和完成设计及施工工作的一种重要技术手段。设计人所提供的BIM模型及相关成果，应满足现场施工阶段对于模型和相关成果的应用要求，避免出现成果传递后，施工BIM应用团队无法直接使用或需要大量更改模型的现象。施工BIM应用人员应及时向承包人和设计单位反馈图纸和模型中的错误和不妥之处，设计单位应及时做出回应和采取相关措施，并得到承包人确认。

（3）信息同步原则。总承包方应保证BIM设计工作在工程项目周期中，完成设计BIM模型创建与工程施工期间的变更维护工作，确保模型符合相关技术标准。设计BIM模型和施工BIM深化模型及其他项目数据应及时更

3 设计施工总承包阶段 BIM 工作要求

新和提交,须保证模型的完整性、及时性、可靠性和准确性,最终提交符合要求的竣工 BIM 模型。

(4) 成果一致性原则。总承包方必须保证 BIM 模型应满足现行国家、地方或行业标准要求,施工图设计阶段模型精细度不低于 LOD300,竣工模型精细度达到 LOD500。

3.2 BIM 应用工作要求

3.2.1 BIM 应用团队要求

总承包方应配备项目全专业 BIM 设计工作团队,工作团队须具备以下能力:专业 BIM 协同设计能力,能利用 BIM 技术进行正向实施,确保设计成果符合发包人规定的建模标准、模型精度、成果文件格式及版本等要求,并通过发包人或发包人委托的 BIM 咨询机构组织的评审;基于 BIM 的模型分析与应用能力,能在施工图设计阶段进行性能分析、碰撞检测、净空分析等应用,同时保证提供的施工图设计阶段 BIM 模型和竣工 BIM 模型信息的正确性及完整性;利用轻量化 BIM 平台进行项目汇报的能力等。

总承包方应配备满足发包人方要求的施工 BIM 应用团队,或聘请第三方 BIM 应用实施团队协助项目施工 BIM 应用,施工 BIM 应用实施人员应满足各专业应用要求,至少包括 2 名土建 BIM 工程师和 2 名机电 BIM 工程师,并具备应用施工 BIM 管理平台进行技术交底和周例会汇报的能力。施工 BIM 应用实施过程应配备不少于 3 台专用计算机设备，且具备全员参与能力，项目部全员熟悉 BIM 应用流程和技术要点。项目部专职 BIM 实施人员不少于 4 人，保持工程实施数据每天更新到 BIM 施工平台。第三方 BIM 实施人员应至少驻场 3 个月。

3.2.2 BIM 管理制度要求

按照现行相关技术标准的要求，完成本项目从施工图设计至施工阶段的全部 BIM 相关工作。

总承包人需根据发包人提出的相关要求，编制以下文档提交发包人审核通过后严格执行。

（1）《施工图设计 BIM 实施方案》。方案应至少包含以下内容：

明确项目 BIM 实施目标、执行计划（应结合项目进度）、指标要求、考核方式、保障措施等；建立 BIM 工作协同机制，确定 BIM 工作职责及工作界面，合理分配任务；结合本项目施工特点及难点，明确项目设计各阶段 BIM 应用点、工作要求、BIM 应用实施流程及实施内容等。

（2）《施工图设计 BIM 组织架构及资源配置表》。按工作需求搭建 BIM 组织架构，成立 BIM 系统执行小组，约定项目团队及 BIM 成员的角色、责任；并按工作需求，配置现场开展 BIM 实施所需的软硬件、网络资源，形成资源配置清单。

3 设计施工总承包阶段 BIM 工作要求

（3）《BIM 模型构建进度计划》。根据设计内容编制《BIM 模型构建进度计划》，确保 BIM 工作与设计进度相适应。

（4）《BIM 实施经验总结报告》。总承包方负责梳理本项目 BIM 应用点并总结经验，编制《BIM 实施经验总结报告》，形成 BIM 技术应用案例。报告分为设计分册和施工分册 2 个部分。

3.2.3 BIM 制图要求

承包人设计团队完成 BIM 设计后须进行二维出图，作为传统二维设计制图的补充，内容包括但不限于各专业图纸目录、设计说明、平面图、剖面图、详图等，应使图纸表达内容与模型表达内容一致。施工 BIM 团队在施工 BIM 深化模型基础上根据施工需求出相关深化图纸。

3.2.4 与 BIM 管理单位的配合

承包人须接受发包人指定的 BIM 应用管理单位（连云港港口控股集团技术研发中心 BIM 技术中心）的管理。按照招标文件和合同的要求接受 BIM 管理单位的考核，对于 BIM 管理单位提出的意见和建议，经发包人确认或定期 BIM 工作会议协商确认，应按照协商结论和方案等及时进行修改。BIM 管理单位提出的意见和建议，承包人须及时响应并对结果负责。积极配合 BIM 管理单位申报各类 BIM 应用奖项。

3.2.5 BIM应用过程相关文件的整理存档

承包人在对该项目进行BIM实施期间，除发包人和BIM管理单位要求的相关文件外，通过BIM模型设计而发现的原则性的设计问题、问题的解决形式、解决后的最终成果等相关处理原始文件，均需以统一格式整理、存档并提交发包人和BIM管理单位。

3.3 BIM工作内容

3.3.1 承包人BIM应用的主要工作内容

承包人BIM应用的主要工作内容包括但不限于：

（1）在设计过程中，设计人应按照合同约定的工作范围及现行行业标准与规范的要求，及时提交符合要求（标准、深度、精度、范围、内容、质量等）的最终全部BIM成果。将施工图设计阶段的BIM数据进行整理、存档及编号，并移交给发包人，供下一阶段使用。

（2）在BIM实施过程中，按要求同步提交项目全部过程文件资料（技术文件、管理文件、各种表单、报告、图纸、BIM模型等）给发包人，不得擅自修改和遗漏，设计更改应同步更新BIM模型，必须保证发包人收到的所有项目信息资料的及时、连续、准确和完整，同时发包人授权的第三方能够及时获取数据资料进行相关的BIM应

3 设计施工总承包阶段 BIM 工作要求

用工作。

（3）在 BIM 实施过程中，根据发包人或 BIM 管理单位提出的要求、出具的各种审查报告，及时在三维模型上修改并优化设计，并提交修改反馈单，接受发包人和 BIM 管理单位的审查。

（4）在 BIM 实施过程中，设计人应采用 BIM 协同设计，及时发现和解决存在的问题，提高设计的质量和效率，减少项目潜在的风险和变更。相关工作包含但不限于：在 BIM 设计中进行专业协同设计，开展碰撞检查、净空分析、预留预埋检查、三维管线综合等各种设计优化分析工作。

（5）在施工准备阶段，设计人应配合施工单位进行 BIM 设计交底等后续必要的技术服务，保证施工单位充分理解和准确应用项目 BIM 模型等设计成果，保证项目 BIM 在施工等后续阶段的顺利实施。

（6）在施工深化阶段，施工单位模型深化设计过程中发现相关设计问题后，设计人须及时确认及处理设计问题，保证模型深化工作顺利进行，设计人对深化模型需进行技术审核、确认。

（7）在施工实施阶段，总承包方需与监理单位、BIM 管理单位共同协助发包人完成施工模型的审核、归档。

（8）施工单位各施工阶段的 BIM 模型须经过发包人、BIM 管理单位审核和设计人确认，严格控制其施工阶段模型的精度和质量。涉及设计变更导致的模型修改，须经设计人、监理单位、BIM 管理单位、发包人等各方审核、确认后方可实施。

（9）在竣工验收阶段，会同发包人、BIM管理单位、监理单位、设备供应商等关联方审核、确认承包人提供BIM竣工模型和竣工图。

（10）项目实施过程中配合发包人完成合同BIM内容清标；配合施工单位完成施工图深化设计模型；配合发包人和BIM管理单位完成施工深化模型审核，整理资料并存档。

（11）根据发包人和BIM管理单位的要求，制作BIM奖项申报所需要的汇报材料并承担费用，如项目BIM应用汇报视频、PPT材料和申报资料等。总承包方BIM应用负责人须安排专人参赛报奖和答辩。

（12）其他由发包人或BIM管理单位提出的BIM相关工作要求。

3.3.2 应用点及评价标准

3.3.2.1 设计阶段应用点

（1）设计质量辅助校核。

主要内容：设计图纸辅助校核、碰撞检查、净空分析、预留预埋检查、三维管线综合。

主要成果：图纸问题校验报告、碰撞检测报告、净空分析报告、预留预埋检查报告及图纸、管线综合模型及报告。

3 设计施工总承包阶段 BIM 工作要求

评价标准：图纸问题校验报告可直观反馈出各专业间及专业内的主体结构、管线和临时结构存在的碰撞问题，并根据其严重程度进行分类，按统一的模板完成编制，附图需清晰表达碰撞点情况；报告应及时反馈给设计单位，同时需记录后续的设计优化情况，跟踪、解决问题并完成归档。

碰撞检测报告可直观反馈出各专业间及专业内的主体结构、管线和临时结构存在的碰撞问题，并根据其严重程度进行分类，按统一的模板完成编制，附图需清晰表达碰撞点情况；报告应及时反馈给设计单位，同时需记录后续的设计优化情况，跟踪、解决问题并完成归档。

净空分析报告可直观反馈出各专业间的冲突问题，保证各专业设计指标和设计意图，并协调各专业在有限空间内的整齐、有序、合理、方便施工和检修的合理布局。

预留预埋检查报告应利用"设计—分析—模拟"一体化设计思路将实际的工程状态动态表达；对管道设计情况进行多方面、多专业角度分析，并在此基础上完成决策调整；同时提供预留孔洞图纸（应包含形状、尺寸、位置等信息）和预埋件布置图纸（应包含类型、规格、位置等信息）；实现预留孔洞和预埋件的预先检查，有效规避工期延误风险和降低质量隐患。

管线综合模型及报告应结合碰撞检测结果合理调整管线的实际布局，优化设备和管线空间排布，使其满足运输、安装、运行和维护检修的空间使用要求，并能输出项目所含的综合管线、关键节点部位等三维模型视图，辅助设计交底。

(2) 设计方案展示。

主要内容:设计方案全景图、虚拟漫游视频、轻量化三维展示平台模型浏览等。

主要成果:BIM 模型、全景图、全区域漫游仿真视频、BIM+GIS 数据融合模型等。

评价标准:模型应满足各项交付标准要求。全景图应提供 jpg 格式高清照片,分辨率不低于 5472 像素×3684 像素。对筒仓区域进行漫游仿真,需清晰表达项目建成后与周边环境的整体效果。BIM+GIS 数据融合模型需实现 BIM 模型与倾斜摄影模型的叠加融合,并发布至连云港港口工程项目管理平台。

(3) 设计方案辅助论证与仿真。

主要内容:设计控制因素辅助论证。

主要成果:控制因素分析报告及模拟视频。

评价标准:控制因素分析报告及模拟视频应反馈和分析项目与周边环境的协调性及环境影响因素,直观展示项目穿越的风险工程、涉及的控制因素以及对项目的制约程度。

(4) 运营期仿真。

主要内容:运营期交通仿真。

主要成果:运营期交通仿真视频。

评价标准:视频及分析报告应直观反映运营期交通状况,提供决策辅助。

(5) 设计工程量统计。

主要内容:工程量统计分析及工程量校对。

主要成果：工程量统计分析校对报告。

评价标准：模型的精细度、构件参数信息等应满足工程量统计要求；工程量统计分析报告应准确反映BIM模型工程量与设计图纸工程量存在的偏差。

（6）单位、分部分项、工程划分。

主要内容：结合项目实际，对主要专业进行单位、分部、分项工程划分。

主要成果：单位、分部、分项工程划分表及模型属性。

评价标准：划分规则应符合现行国家和行业标准，并提供说明文件。编码命名规则、排序规则等统一；同时模型应具备与单位、分部、分项工程划分表一致的编码属性。

（7）BIM正向设计试点。

主要内容：选择适宜的专业和内容进行BIM正向设计试点。

主要成果：各专业正向设计模型、生成图纸及正向设计总结报告。

评价标准：模型及生成的图纸应满足各阶段深度要求；总结报告应明确正向设计在本项目的应用范围、技术路线、实施效果、优化思路等。

3.3.2.2 施工阶段应用点

施工阶段应用点如表3-1所示。

表 3-1 施工阶段应用点

序号	服务项	BIM 技术服务内容	所需资料
1	地形模型创建	数字地形、道路、项目周围建筑物、构筑物模型创建。用于场地布置优化方案比选等	总平面图及原始地形图
2	项目周围真实场景模型创建		
3	场地布置模型创建	建立三阶段场地布置模型，用于指导施工现场安全文明施工设施、生活区、办公区、样板区、VR、安全体验区等区域的布置。外墙悬挑支架模型搭建，支撑模型复核	施工现场平面布置图，各设施产品图
4	节点模型	局部节点做法模拟，例如外墙防水节点、基础加固节点等	节点大样详图
5	全专业模型核查	结合最新图纸对结构、建筑、机电模型进行全面核查，并对模型进行对应的修改和完善，包括管线阀门、管件的完善，机械设备的添加及设备型号赋予，确保模型精细化程度	全专业模型及最新全专业图纸
6	辅助图纸会审	三维设计协同作业，避免各专业图纸的错漏碰缺，减少甚至消除因图纸错误带来的设计变更。将设计不合理的区域整理成报告递交至设计院。提前发现设计缺失及不合理的区域，将施工时会产生的问题前置，节省工期和成本	

续表

序号	服务项	BIM 技术服务内容	所需资料
7	机电管线碰撞检查	进行全专业机电管线碰撞检查,并出具碰撞报告	管线排布原则、净高要求、出图要求
8	机电管线综合优化	根据碰撞报告对全专业模型进行管线综合优化,结合现场实际施工情况,消除碰撞及不合理的区域,使管线排布更加合理,便于施工及后期维护修理	
9	净高分析及优化	对公共区域的净高进行全面分析,并出具净高分析报告。对不满足净高的区域进行进一步管线优化,对优化后仍无法满足净高要求的区域进行整理和统计,并出具报告递交至设计院。在满足施工条件的情况下对尽可能提高净空,提升建筑物的使用体验	
10	管线综合优化成果出图	根据机电优化后的模型进行全专业CAD施工平面图出图,用于指导现场实际施工,大大降低返工及因管线无法排布而导致施工停滞的情况	
11	预留孔洞出图	根据已经优化好的机电管线综合成果,对穿墙部位预留孔洞尺寸、平面位置、高度等信息进行标注,提前预留机电安装孔洞,避免因后期开洞造成的质量隐患及成本增加	

续表

序号	服务项	BIM 技术服务内容	所需资料
12	BIM 可视化施工交底	利用 BIM 技术的优势,对复杂节点、复杂区域、管线密集区域进行可视化现场施工交底,协调各专业施工队伍之间的冲突及矛盾,保证工期和施工质量	
13	全专业模型整合	对全专业模型进行整合,出具机电工程量报表、BIM 出图	
14	施工进度管理	整体施工 4D 模拟,与实际工期进度计划结合,动态展示施工进度,可和实际项目进度比对	施工进度计划、实际进度
15	施工现场质量、安全、信息管理	将现场施工质量、安全、信息等数据上传至 BIM5D 平台中,提高现场精细化管理水平	相关管理人员通讯录、施工现场照片(不包含平台使用)
16	竣工模型交付	根据深化设计图纸和有重要设计变更的图纸调整模型,修改完善竣工模型,重要设备构件信息录入及数据建库	模型调整要求、构件相关信息(厂家、构件品牌等)
17	BIM 技能培训	培训施工单位技术人员,业主技术人员等掌握 BIM 模型的浏览、搭建、漫游、几何信息查询、属性信息查询等 BIM 应用功能	培训目的等具体要求
18	BIM 驻场	阶段性汇报,项目交付集中问题讨论,施工现场关键节点问题协调,现场预留洞口,机电安装指导	驻场工作内容、汇报重点要求等

续表

序号	服务项	BIM 技术服务内容	所需资料
19	施工动画模拟	对复杂节点、重点工序、重点区域、四新技术、危大方案等制作施工模拟动画	相关设计图纸、施工方案
20	场地布置效果展示	对三阶段施工场地布置进行漫游,对场地内的安全文明设施、智慧工地设施、样板区、安全体验区、VR体验区、人车分流效果等进行渲染,提供宣传展示视频	
21	项目大场景展示	利用专业后期软件,对项目模型进行真实材质赋予,展示项目的完工效果、机电安装效果、道路设施等	
22	BIM 协同平台	BIM 协同审图与审模,BIM 工程管控云平台应用,VR级 BIM 展示与交付,施工交底,问题追踪	
23	单体模型搭建	(1)单体一层建筑、幕墙、结构、钢结构、机电模型优化搭建。 (2)单体二层建筑、幕墙、结构、钢结构、机电模型优化搭建。 (3)单体三层建筑、幕墙、结构、钢结构、机电模型优化搭建。 (4)单体四层建筑、幕墙、结构、钢结构、机电模型优化搭建。 (5)单体五层建筑、幕墙、结构、钢结构、机电模型优化搭建。	

续表

序号	服务项	BIM 技术服务内容	所需资料
23	单体模型搭建	（6）单体设备机房层建筑、结构、机电模型优化搭建。 （7）单体大屋面建筑、小屋面建筑、结构、机电模型优化搭建	
24	后期智慧物流运维资料移交	提供智慧物流运维数据库，编制模型数据库清单信息供后期运维模型交付使用	
25	景观建模	（1）景观大场景模型建立。 （2）单体内部景观模型建立。 （3）周边环境大场景模型建立	
26	BIM 报奖	协助业主报奖（施工 BIM 类）材料整理准备（包括汇报 PPT/视频） （1）"龙图杯"全国 BIM 大赛（全国行业Ⅰ类）。 （2）中国工程建设行业 BIM 大赛（全国行业Ⅰ类）。 （3）"智建杯"中国智慧建造应用大赛（全国行业Ⅱ类）。 （4）"金标杯"BIM/CIM 应用成熟度创新大赛（全国行业Ⅱ类）。 （5）全国水利行业 BIM 应用大赛（全国行业Ⅱ类）。 （6）江苏省建设工程 BIM 应用大赛（地方行业）	

3 设计施工总承包阶段 BIM 工作要求

3.3.3 BIM 成果要求

3.3.3.1 BIM 模型交付要求

（1）交付的 BIM 模型应和设计坐标系一致，项目各专业 BIM 模型的坐标系和位置与项目勘测资料和地形资料一致。

（2）设计模型必须准确、完整。

（3）交付的 BIM 模型几何信息和非几何信息应有效传递。

（4）BIM 成果交付格式包括但不限于原始文件格式、通用格式以及发包人要求的格式。

（5）BIM 模型的交付应保证数据的完整性，满足各项应用要求。基于 BIM 模型所产生的其他各应用类型的交付物，数据格式应采用通用格式，非通用交付成果的数据格式应征得发包人和 BIM 咨询单位同意。

（6）所有 BIM 阶段性成果及各阶段 BIM 模型、BIM 应用资料、设计信息等，需提交发包人，定期进行更新完善。在项目建设阶段，应用 BIM 对数据进行集成，实现图纸、文档的快速检索和查询，配合发包人进行施工管理及竣工验收。

3.3.3.2 设计人提交的工作成果

设计人提交的工作成果包括但不限于表 3-2 所示内容。

表 3-2 BIM 交付物内容及格式要求

序号	名称	内容描述	软件	交付格式	备注
1	全专业 BIM 模型	项目级信息模型、单体级信息模型、专业级信息模型、构件与设备级信息模型、钢筋与零件级信息模型	Revit	*.IFC 信息模型文件、*.rvt/*.rft/*.dwg/*.fbx 模型文件	应包含构件分类体系和属性信息
2	BIM 模拟分析模型	由 BIM 设计模型创建的带有必要工程数据信息的模拟分析模型	Navisworks	*.nwd/*.nwf/*.pdf	
3	BIM 效果文件	视频（虚拟漫游、性能分析）	不限	*.mp4/*.wmv/*.avi	原始分辨率不小于 2K，长度 6min
3	BIM 效果文件	效果图片（效果图、分析图）	不限	*.jpeg/*.png	分辨率不小于 5472 像素×3684 像素
4	BIM 模型生成的二维设计图	BIM 模型直接抽取二维图纸，重点用于复杂位置平面图、剖面图及立面图等视图的生成	不限	*.dwg/*.pdf	设计图纸、设计说明、计算书应满足相关规范要求
5	模型使用说明书	详见表 3-3		*.pdf	

3 设计施工总承包阶段BIM工作要求

续表

序号	名称	内容描述	软件	交付格式	备注
6	报告文档	BIM技术应用成果咨询、反馈、验收用表		*.doc	
		工程量明细表报告		*.pdf/*.xlsx	
		构件参数报告		*.pdf/*.doc	
		碰撞检测报告及优化方案		*.doc/*.xlsx	
		模型问题报告		*.doc/*.pdf	
		拆解后的施工图纸		*.pdf	按图号将施工图纸进行拆分
		政策文件等第三方文档		*.pdf	
		正向设计应用报告			
		BIM应用分析模拟报告			
7	办公文档	发包人要求编制的各种文档：实施方案、管理制度、工作标准、配置表、经验总结等	Office/Adobe	*.doc/*.pdf	
		BIM汇报材料			
		设计变更文件			

·75·

表3-3 模型使用说明书

序号	项次	内容
1	项目基本信息	项目概况
		组织构成
		项目阶段
		所使用软件基本说明
		所使用软件版本
2	模型文件组织方式	模型文件的架构关系
		模型文件的整体架构图
		模型定位基点和标高
3	模型文件视图使用说明	各专业的审阅视图名称
		各视图的用途
4	模型参数设置说明	新增关键参数信息
		指标关联参数设置的方式
		参数名称
		参数数据格式与单位
		参数取值区间要求
5	构件使用说明	自定义构件的说明
6	其他需要说明的事项	根据项目需要补充

3.3.4 成果提交时间要求

设计人应按发包人要求,提交各阶段各专业模型以及相关文档、数据等工作成果,包括但不限于表3-4所示内容。

3 设计施工总承包阶段 BIM 工作要求

表 3-4　成果提交时间要求

序号	成果描述	完成时间及要求
1	《BIM 组织架构及资源配置表》	本合同签订后 10 日内
2	《BIM 模型构建进度计划》	本合同签订后 10 日内
3	《设计阶段 BIM 实施方案》	本合同签订后 10 日内
4	《施工阶段 BIM 实施方案》	本合同签订后 10 日内
5	各阶段设计 BIM 模型	完成时间按工程实际进展需要及发包人要求
6	漫游仿真视频	范围、数量及完成时间按工程实际进展需要及发包人要求
7	BIM+GIS 数据融合模型	完成各阶段 BIM 模型后的 14 天内
8	全景图	完成时间按工程实际进展需要及发包人要求
9	比选设计方案模型及比选报告（各专业）	完成时间按工程实际进展需要及发包人要求
10	工程量统计分析报告及工程量清单	完成时间按工程实际进展需要及发包人要求
11	图纸问题校验报告	与各阶段 BIM 模型同步提交
12	碰撞检测报告	与各阶段 BIM 模型同步提交
13	净空分析报告	与各阶段 BIM 模型同步提交
14	管线综合模型及报告	与各阶段 BIM 模型同步提交
15	预留预埋检查报告及图纸	与各阶段 BIM 模型同步提交
16	交通组织模拟视频及交通组织方案报告	完成时间按工程实际进展需要及发包人要求
17	BIM 可视化汇报资料，包括但不限于效果图、漫游动画、浏览模型、无人机输出成果	范围、数量及完成时间按工程实际进展需要及发包人要求

续表

序号	成果描述	完成时间及要求
18	各专业正向设计模型、生成图纸及正向设计总结报告	与各阶段BIM模型同步提交
19	设计BIM实施经验总结报告	完成时间按工程实际进展需要及发包人要求

3.4 BIM验收与总体评价

3.4.1 应用点成果验收

应用点成果提交前应进行模型检查。

应用点成果审核应包括交付成果完成度和合规性两项工作，审核结果以发包人或BIM咨询单位出具的相关报告为准。当且仅当两项工作均合格时，应用点验收评价结果评定为合格，否则视为不合格。

3.4.2 BIM应用总体评价

在完成BIM全部成果通过验收后，由发包人组织开展BIM技术应用的总体评价。以体现应用实际性、真实性和效益性为原则，重点考核项目的BIM技术实际应用程度、体系机制和应用效果（成果）等。从BIM实施规划、BIM应用、BIM团队、质量和进度控制及BIM成果/效益等方面开展评价。

3.5 其他约定

发包人、BIM 咨询单位制定 BIM 系列管理制度，相关指南、文件正式印发后若有与本协议约定不一致之处按正式印发的指南、文件执行。

4 项目BIM实施及管理目标

4.1 实施目标

4.1.1 技术实施目标

4.1.1.1 深化设计目标

基于 Revit、Enscape、Fuzor、Lumion、Navisworks 等 BIM 软件，对照最新 CAD 设计图纸，对设计阶段的 BIM 模型进行深化设计，最终完成模型的集成整合。

输出各专业碰撞检查报告，依托报告对应碰撞点提出最优解决方案，并进行优化，对于种类繁多且密集的综合管线，结合安装工序、检修空间及支架安装等综合考虑，基于 BIM 模型优化管线综合排布。

利用虚拟现实技术对现实中的建筑进行三维空间仿真，进行净高检查、现场巡视、可视化漫游。

4.1.1.2 成本管理目标

项目投资精细化管控，从变更、价差、计量等项目实施管理，建立动态台账，实现过程留痕。

4 项目BIM实施及管理目标

4.1.1.3 项目管理目标

工期进度可视化，建立项目关键里程碑，通过现场实际回传进度与计划进行对比，全过程跟踪进度。

4.1.2 BIM成果报奖计划

由于本项目拆装测试机房、平时兼战时进风机房、网络通信机房、柴油发电机机房、消防排烟机房等设备机房众多，机电深化，管线综合优化难度大，本项目拟通过BIM技术通过深化设计BIM模型达到施工阶段应用目的，完成高效的信息传递，实现BIM全生命周期应用的价值。

结合项目亮点积极参加"龙图杯""智建杯""创新杯""新基建杯"等全国BIM大赛，争获三等奖及以上，参加江苏省建设工程BIM应用大赛、江苏省安装行业BIM技术创新大赛等省级BIM大赛，争获二等奖及以上。涉及机房等保密信息删除，并经各方同意后方可参赛。

4.1.3 BIM工作开展计划

本项目就以上技术实施内容初步拟定以下时间节点，如表4-1所示。不排除受图纸变更、设计模型移交时效及不可抗力原因导致相关节点工作延后交付。

表 4-1 BIM 工作开展计划

序号	工作内容	时间节点
1	BIM 工作开始对接	2022 年 11 月 20 日
2	各阶段场地布置完成	2022 年 12 月 10 日
3	结构模型	2023 年 12 月 25 日
4	建筑模型	2022 年 1 月 5 日
5	幕墙模型	2023 年 1 月 15 日
6	机电建模	2022 年 2 月 10 日
7	机电管线综合调整	2023 年 3 月 10 日
8	机电出图	2023 年 3 月 20 日
9	BIM 驻场	2023 年 5 月 20 日
10	二次结构	2023 年 7 月 20 日
11	模型信息补充非几何信息	2023 年 8 月 20 日
12	品质工程文件编制整理	2023 年 11 月 1 日
13	竣工移交	2023 年 11 月 30 日

4.2 项目 BIM 应用策划

4.2.1 组织架构与职责

4.2.1.1 BIM 组织架构

BIM 组织架构如图 4-1 所示。

4.2.1.2 岗位职责

根据以上组织架构,通过对相关岗位职责进行划分,

4 项目BIM实施及管理目标

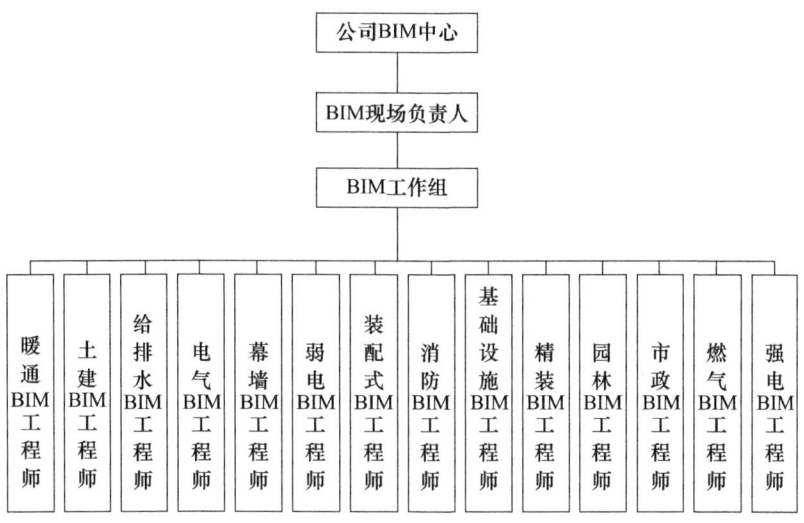

图 4-1　BIM 组织架构

如表 4-2 所示，提高内部竞争活力，更好地发现和使用人才；组织考核的依据；提高工作效率和工作质量；规范操作行为；减少违章行为和违章事故的发生。

1. 建安公司 BIM 小组

（1）监督、检查项目 BIM 执行进展；

（2）为项目提供必要的技术支持；

（3）积极推动 BIM 技术的引进及推广应用工作；

（4）结合项目实际，确定 BIM 工作开展的目标和方向。

2. 项目总工（项目 BIM 执行负责人）

（1）贯彻落实 BIM 技术的引进及推广应用工作；

（2）负责审核 BIM 技术的工作计划、工作流程、工作方案；

（3）结合项目实际，优化 BIM 开展的目标与方向；

(4) 负责统筹协调各部门、各专业 BIM 管理工作；

(5) 组织项目 BIM 工作小组，通过全过程的管控，确保合同有关 BIM 条款的实现。

3. BIM 现场负责人

(1) 定期对 BIM 工作进行总结，并形成总结文件；

(2) 定期参加 BIM 专项例会；

(3) 负责对项目 BIM 成果进行审核；

(4) 根据项目整体施工进度计划制订 BIM 工作计划；

(5) 负责项目所有 BIM 相关数据的整理和对外数据接收及交付。

4. BIM 团队

(1) 负责建立 BIM 模型；

(2) 负责对设计变更模型进行维护更新；

(3) 配合项目部对专业分包施工模型进行校核；

(4) 通过施工模型出图；

(5) 配合 BIM 负责人完成 BIM 应用总结编制。

5. 参建单位

(1) 负责各自施工范围内为总承包单位建模提供所需的资料，辅助深化工作；

(2) 机房模型分包单位需向机房设备族库提资，辅助深化工作；

(3) 为总承包单位提供 BIM 平台中需要录入的施工信息；

(4) 协助总承包单位完善竣工模型中的信息录入；

(5) 配合总包单位的 BIM 管理工作。

4 项目BIM实施及管理目标

表4-2 各岗位职责

岗位	职责
总承包各专业BIM工程师	负责各专业BIM模型搭建、深化；负责审核BIM模型及数据，确保模型与相关的施工图纸、图纸设计变更、签证单、技术核定单、工程联系单、施工方案保持一致，负责与其他各部门协同工作
BIM现场负责人	负责工作任务沟通协调，配合项目组开展协调、组织、执行、审核等相关BIM工作，完成项目组其他工作任务
各部门BIM专员	负责将各部门的现场数据及时收集并录入模型；负责各部分利用BIM平台进行施工管理工作；负责BIM技术在各部门协同工作的总结分析；负责各部门与BIM工作室的协同工作的建立
各参建单位BIM负责人	负责配合总承包完成各专业BIM技术的建模工作；负责各参建单位的BIM技术的提资工作落实，负责各参建单位的现场工作数据的收集及录入；负责其他BIM技术协同工作

4.2.2 软硬件配置

4.2.2.1 软件配置

模型是BIM实施的基础，为了使BIM模型能够在实施过程中无障碍的传递和共享，工程总承包单位应使用同系列和规定版本的BIM软件，具体软件资源配置要求如表4-3所示。

表 4-3 软件资源配置

序号	应用类型	软件名称	版本要求	交付格式	备注
1	模型创建	Autodesk Revit	2018 版及以上	*.rvt	包括 Architecture、Structure、MEP
		3DS Max	2018 版及以上	*.3ds	
2	模拟浏览	Navisworks	2018 版	*.nwd	
		Lumion 3D	6.0 及以上	*.DAE	
		Fuzor 2018	2018 版及以上	*.exe	

4.2.2.2 硬件配置

硬件资源是支撑 BIM 实施的 IT 架构基础，其包括计算资源、网络资源和存储资源。为保证模型创建和 BIM 应用工作的顺利开展，工作站性能应不低于以下性能要求，如表 4-4 所示。

表 4-4 硬件资源配置

构件	工作站（台式电脑）	移动工作站（笔记本电脑）
CPU	主频：3.5GHz 及以上 内核：4 核心 8 线程或 8 核心及以上 支持最大内存：32GB CPU：64 位处理器	主频：3.0GHz 及以上 内核：4 核心 8 线程或 8 核心及以上 支持最大内存：16GB CPU：64 位处理器
显卡	显存容量：2GB 以上 显存位宽：256bit 以上 显存类型：GDDR5 流处理单元：1664 以上 接口类型：HDMI/DVI/VGA	显存容量：2GB 以上 显存位宽：256bit 以上 显存类型：GDDR5 流处理单元：1280 以上 DirectX：11 以上

续表

构件	工作站（台式电脑）	移动工作站（笔记本电脑）
内存	32GB DDR3 及以上	32GB DDR3 及以上
硬盘	512G SSD 固态及以上	256G SSD 固态及以上
显示器	支持 1080p 以上分辨率	支持 1080p 以上分辨率
操作系统	Win7 Pro 64bit 及其以上	Win7 Pro 64bit 及其以上

4.3 BIM 应用内容

4.3.1 概念设计阶段的 BIM 应用

概念设计是从建筑的理念、思想、文化等方面着手进行的，是整个设计工作的灵魂，关系到整个设计的成就，是整个设计过程的重中之重。对于概念设计，在周芝兰主编的《建筑结构》一书里是这样描述的：概念设计包括建筑概念设计和结构概念设计两个方面。建筑概念设计是对满足建筑使用功能且造型优美、技术先进的总建筑方案的确定；结构概念设计是在特定的建筑空间中用整体的概念来完成结构总体方案的设计。结构概念设计旨在有意识地处理构件与结构、结构与结构的关系，满足结构的功能要求和建筑功能的需要，以及技术经济可能的设计原则，确定最优的结构体系。结构概念设计选择适合的建筑材料和合理的关键部位构造，结合适宜的施工工艺及合理的效益达到房屋设计的统一。也就是说，一个"形体"设计与一个"骨架"设计，二者有机结合形成完整的概念设计。

BIM技术具有可视化、协同性和参数化三个核心特性，这三个核心特性在概念设计阶段可以得到体现：

（1）设计理念、思路的快速、精确的表达。

（2）实现与各专业工程师之间的信息交流，以及相关信息的有效、统一传递。

（3）成本、质量、可行性等信息管理的可视化和协同性。

（4）在设计理念发生调整改变的情况下，基于参数化操作可快速实现设计成果的调整，不影响整体的设计进度。

BIM技术在概念设计方面的工作重点主要放在宏观把控上，比如对建筑的形态、空间功能、外形和空间布局以及相匹配的颜色等方面进行及时、快速、直观的展现。

4.3.2 施工图设计阶段的BIM应用

4.3.2.1 地勘数据三维化可视化

根据勘察单位提供的dwg格式的地质勘察报告，利用AutoCAD提供的VBA（Visual Basic for Applications），进行二次开发，以便于快速、标准化提取各孔点钻孔数据。

使用生成的csv格式的钻孔点数据，以及Civil 3D软件，建立三维土层模型，如图4-2所示，并导出通用的IFC格式的土层模型文件。

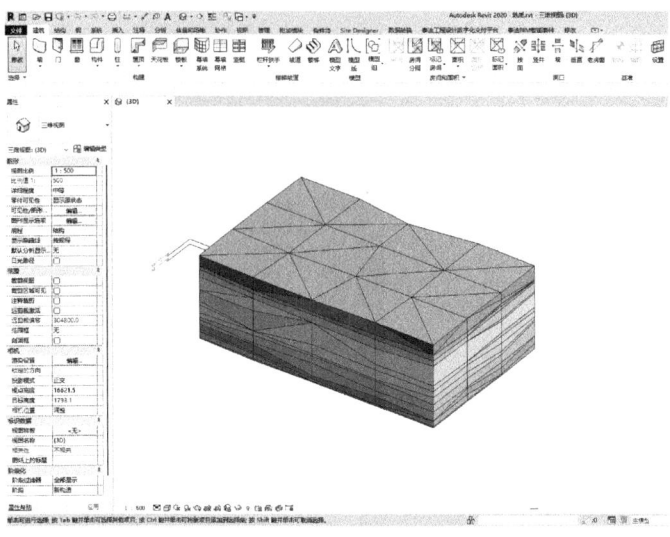

图 4-2 Civil 3D 土层模型

4.3.2.2 基于 BIM 上部结构设计

使用盈建科公司旗下的 Revit-YJKS 3.1 及建筑结构设计软件系统 YJK 3.1 进行基于 BIM 的结构专业建模、分析到图纸的绘制。其中，前者主要完成 Revit 软件下的建模、构件属性的设置以及图纸绘制工作，而后者则主要基于前者在 Revit 软件中创建的 BIM 模型，进行结构计算分析及规范的校核工作。

经过 Revit-YJKS 的施工，可以很好地完成 BIM 建模到分析、出图的全流程工作，如图 4-3 所示。此外，结合 YJK 软件的导出模块，可以导出计算模型文件，并使用 PKPM 结构软件，进行二次复核，同样也能完成分析及出图功能，并导出报审的计算书，为整个结构提供了多一份安全保障。

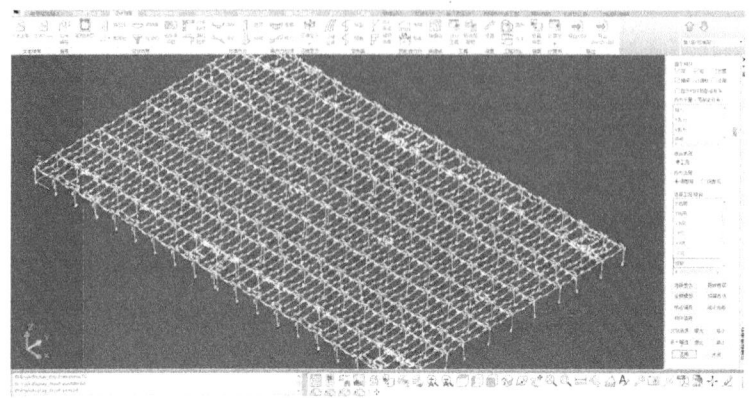

图 4-3 整体三维视角

4.3.2.3 基于 BIM 的单桩竖向承载力计算及校核

根据上部结构计算结果,得出基础及桩的内力需求,依次在 Revit 中调整桩长,然后使用三航院自行研发的 Revit 插件,结合之前建立的地质土层模型,计算单桩承载力,并将结果在 Revit 视图中显示(见图 4-4),即使用 BIM 模型直接更精准地对承载力进行校核,以确定设计桩长能够满足承载力需要。

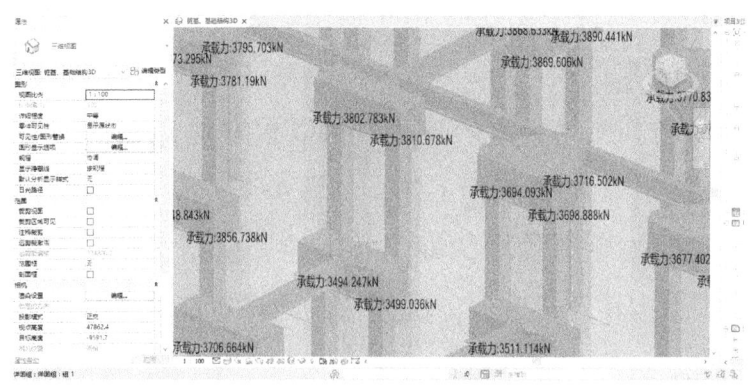

图 4-4 单桩承载力计算结果

4.3.2.4 日光分析的应用模拟

本项目中，使用 Revit 自带的插件进行日光分析的应用模拟。该功能提供了对建筑物的太阳辐射的模拟，并提供模拟分析结果（见图 4-5），在设计阶段就能够跟踪建筑物表面的太阳能照射分布情况。整个分析模拟过程中，考虑了相邻物体（如植被和周围建筑物）产生的阴影。虽然日光分析并不用于确定光伏板的尺寸，但日光分析可以通过考虑阴影效应和日光辐射的季节性变化来帮助确定最大程度获得太阳辐射的位置，对立体停车库屋顶铺设光伏支架的布置及设计有着积极的作用。

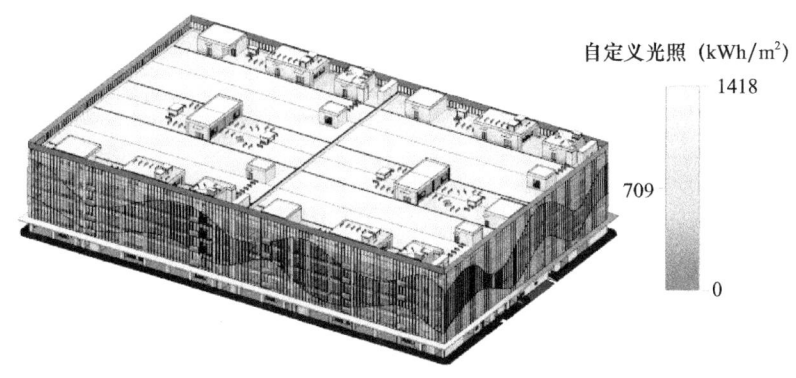

图 4-5 日光分析结果

4.3.2.5 方案比选

1. 幕墙方案比选

幕墙原始方案为如图 4-6 所示的平面铝合金幕墙，建立 BIM 模型，并经过 Lumion 与周边场景结合后，模拟了项目建成后的效果。为了让项目更好地与周边环境融合，增加建筑的美观度，调整建筑设计方案及对应BIM模型，并重新渲染，如图4-7所示。

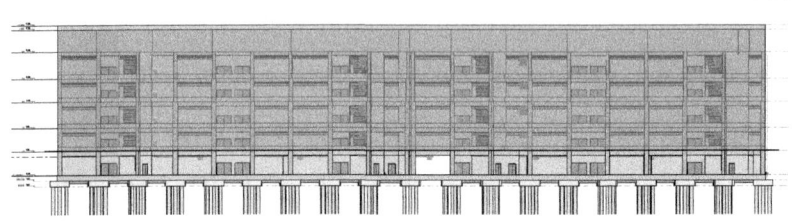

图4-6 幕墙原始方案BIM模型

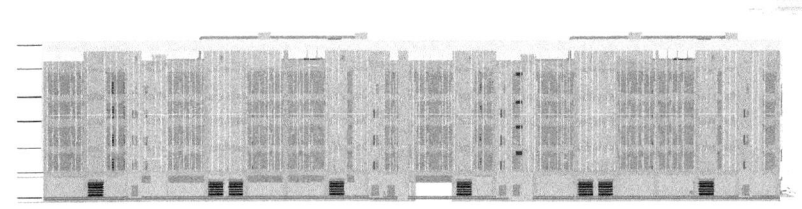

图4-7 幕墙优化方案BIM模型

通过对比后，添加了金属装饰条的幕墙，与周边场景融合效果更好，更能体现自动化停车库的科技感，建筑幕墙最终使用了该方案。

2. 桩基方案比选

桩基原始方案（见图4-8）将所有桩长设置为直径统一的桩长，这样的方案对于本项目占地面积大、土层高低起伏变化明显的特点，无疑是一种设计浪费。出于节省造价、减少项目实施过程中所产生的各方面的碳排放量、提升项目投资回报率的考虑，所以决定结合根据地勘报告建立的BIM三维地质土层模型,对桩长桩径进行优化设计(见图4-9)。

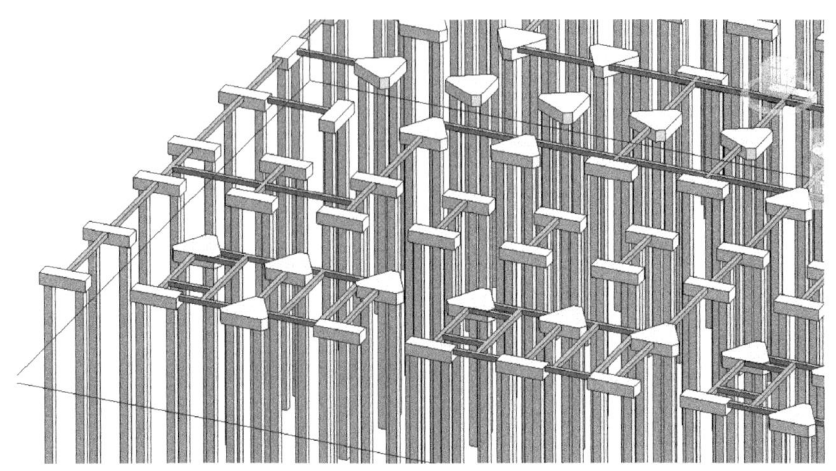

图4-8 桩基原始方案

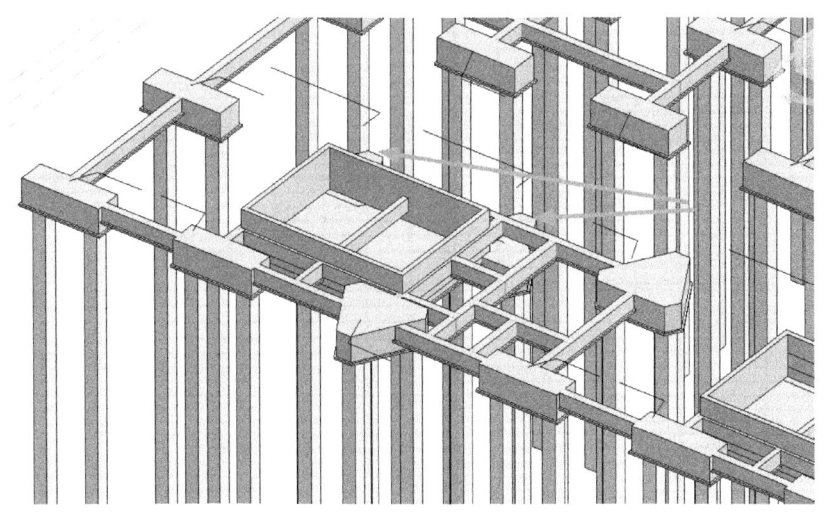

图4-9 桩基优化方案

优化后的桩直径减少,实际各承台下方的具体桩长则根据BIM地质土层模型进行了精确模拟放样,避免了原始设计的"一刀切",提升了项目整体经济效益。根据升降机基坑的实际需求,调整其下方承台标高及对应桩顶标高,使结构桩基方案更加合理可靠,为后续的机电安装,创造了有利条件。

3. 次梁布置方案对比

在运用 BIM 进行上部结构设计时,对次梁的布置,进行了两种方案对比。一种方案为次梁纵向布置,如图4-10所示。该布置基于纵向轴网跨度基本以 8300mm 为主,这样对于次梁设计较为简便。另一种方案为次梁横向布置,如图 4-11 所示。该布置使次梁方向与结构变形缝平行,即使变形缝位置调整或者数量增减,都不会对大部分次梁产生影响。

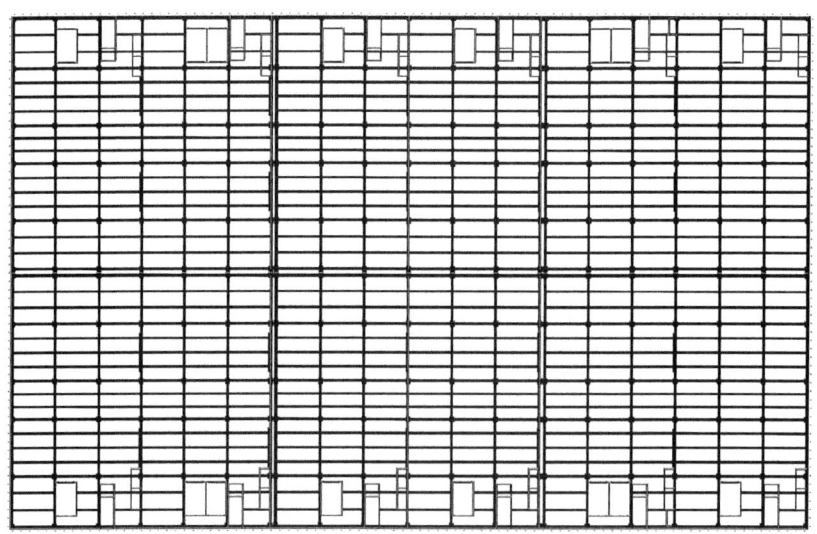

图 4-10 次梁纵向布置方案

4 项目BIM实施及管理目标

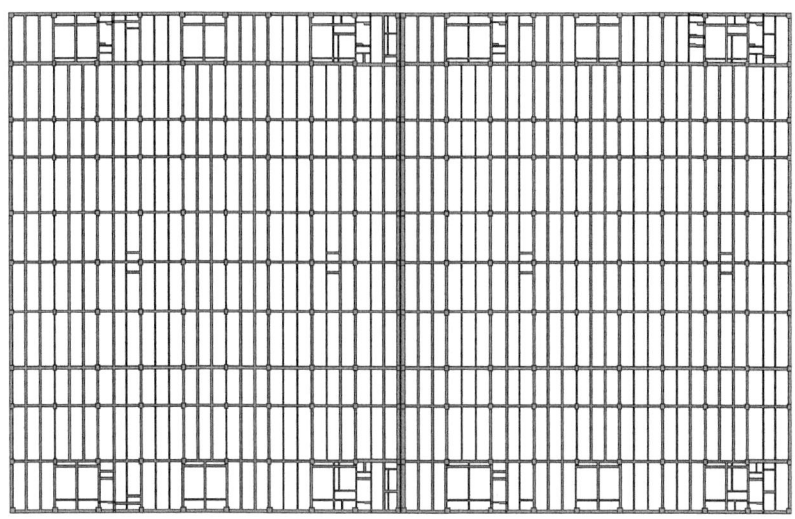

图4-11 次梁横向布置方案

结合控制层高、降低工程总投资的角度考虑，最后选择了次梁横向布置为最终方案。除了变形缝调整的影响外，横向轴网最大跨度大于10m，如果次梁纵向布置，则不利于降低主梁的截面高度，在同等情况下，会使得对楼层高度有更大需求。

4.3.3 施工阶段的BIM应用

4.3.3.1 场地布置

根据施工现场平面场地布置图，建立三维场地布置模型，检验和校核场地布置的合理性，如图4-12所示。

4.3.3.2 二次结构排砖

根据设计说明布置构造柱、圈梁并进行砌筑排布，如

图4-13所示,并统计工程量,如表4-5所示,控制成本。

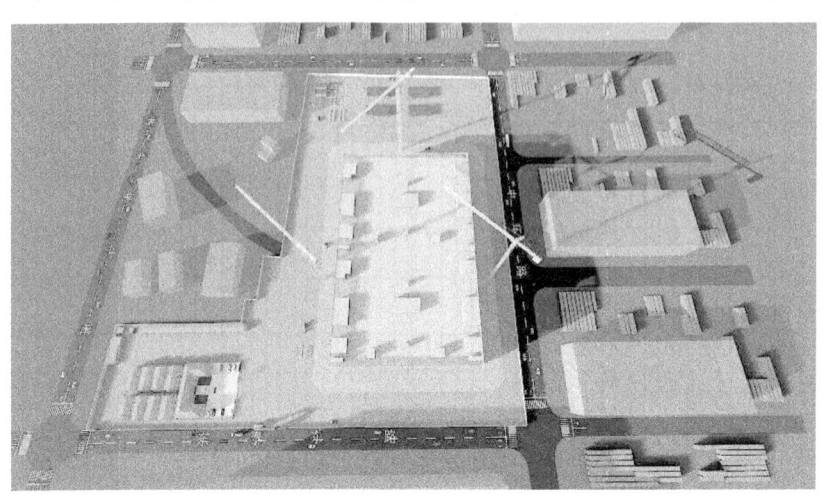

图4-12 三维场地布置模型

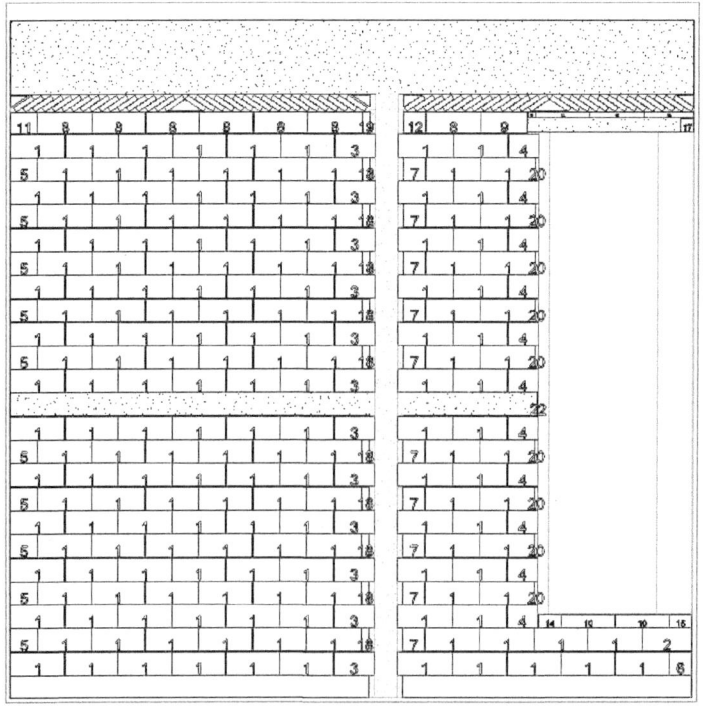

图4-13 砌筑墙

4 项目BIM实施及管理目标

表4-5 砌筑材料表

材料	编号	规格（mm×mm×mm）	单位	工程量
砌体砖：加气混凝土砌块	1	600×200×250	块	181
砌体砖：加气混凝土砌块	2	549×200×250	块	1
砌体砖：加气混凝土砌块	3	443×200×250	块	12
砌体砖：加气混凝土砌块	4	339×200×250	块	11
砌体砖：加气混凝土砌块	5	298×200×250	块	10
砌体砖：加气混凝土砌块	6	247×200×250	块	1
砌体砖：加气混凝土砌块	7	238×200×250	块	10
砌体砖：加气混凝土砌块	8	600×200×234	块	7
砌体砖：加气混凝土砌块	9	511×200×234	块	1
砌体砖：加气混凝土砌块	10	600×200×148	块	2
砌体砖：加气混凝土砌块	11	298×200×234	块	1

4.3.3.3 一二次结构预留洞

根据深化完成的机电图纸，将预留洞信息标注在结构和建筑图纸上，如图4-14所示，以便一二次结构时施工，以免后期开洞增加成本以及不美观。

4.3.3.4 辅助图纸会审

应用BIM技术从模型创建、碰撞检查、图纸会审会议等三方面辅助项目图纸会审工作。

1. 模型创建过程中发现图纸问题

各个专业在创建模型的过程中，会发现诸多图纸问题，如图4-15所示，例如构建尺寸标注不清、标高错误、详图与平面图无法对应等。在模型创建过程中将这些问题进行汇总，以备在图纸会审会议中进行协商，完善设计图纸。

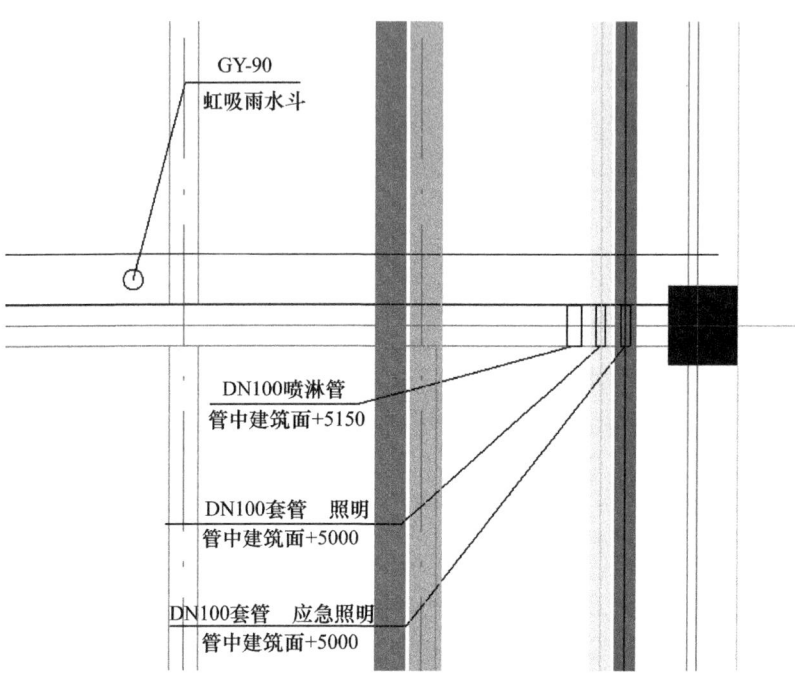

图 4-14　预留洞

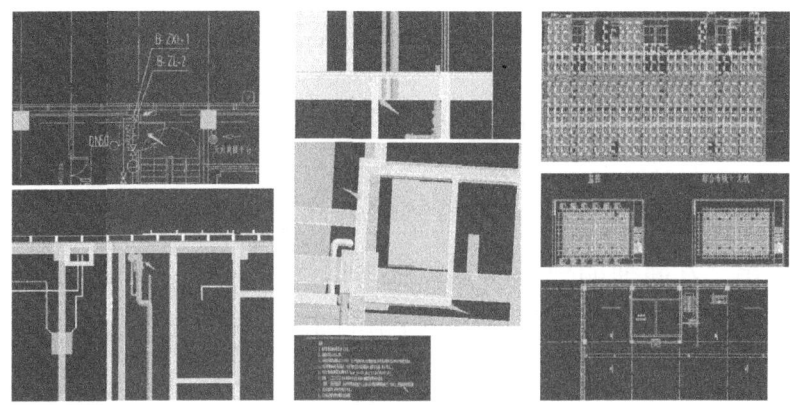

图 4-15　图纸会审记录

利用BIM技术，通过2D图纸转换为3D图纸的搭建过程，将建筑、结构、机电等各个专业BIM模型进行整合，以排除由于版本错误导致的各个专业设计标高或位置对接错误的情况。3D模型可视化、多系统统一界面，可以更加直观地发现问题，方便进行图纸检查。图纸问题在施工之前就被发现并纠正，大幅减少图纸错误的遗漏，能够提高施工现场的生产效率，降低由于图纸问题造成的成本增加和工期延误。

2. 碰撞问题检查

模型创建完成后，各专业应用Revit或Navisworks软件进行碰撞检查，以检查平面视图中未能发现的问题和各种位置冲突问题，如图4-16所示。

图像	碰撞名称	状态	距离	网格位置	说明	找到日期	碰撞点	项目ID	图层	项目名称
	碰撞1	新建	-3.716	B-19：四层	硬碰撞	2023/2/27 07:39	x:143.150、y:8.508、z:19.940	元素ID: 388407	五层	楼板
	碰撞2	新建	-3.716	B-19：二层	硬碰撞	2023/2/27 07:39	x:143.150、y:7.708、z:9.740	元素ID: 388398	三层	楼板
	碰撞3	新建	-3.716	B-19：三层	硬碰撞	2023/2/27 07:39	x:143.150、y:8.132、z:15.140	元素ID: 388416	四层	楼板
	碰撞4	新建	-3.716	K-19：四层	硬碰撞	2023/2/27 07:39	x:142.791、y:84.240、z:19.940	元素ID: 388407	五层	楼板
	碰撞5	新建	-3.716	K-19：二层	硬碰撞	2023/2/27 07:39	x:143.041、y:84.240、z:9.740	元素ID: 388398	三层	楼板
	碰撞6	新建	-3.716	K-19：三层	硬碰撞	2023/2/27 07:39	x:142.909、y:84.240、z:15.140	元素ID: 388416	四层	楼板

图4-16　碰撞检查报告

工程设备管线主要包括强电、弱电、消防喷淋、综合布线、给排水、中水、污水、燃气、通风空调、防排烟、供热采暖等，管线专业本身之间及各专业相互之间发生的碰撞，通过可视化进行查验，并进行空间优化。在空间碰撞检查上一般分为两种，一种是硬碰撞、一种是软碰撞。硬碰撞是指两个物体在空间中有所重叠而发生碰撞；软碰撞是指两物体在空间中虽未重叠而发生碰撞，但因维护需求或设计施工相关要求需要保持一定距离却未能得到满足的。施工前采用BIM技术对管道密集区域进行综合排布设计，提前发现施工存在的碰撞与冲突，有利于减少设计变更，提高施工现场工作效率。

3. 图纸会审

在项目图纸会审会议（见图4-17）上，展示各个专业BIM模型，来说明图纸存在的问题，与会各方在以BIM模型为辅助工具的基础之上进行图纸问题的沟通和协调，能够直观表达图纸问题，方便施工方发现问题，也方便设计方修正问题，使业主方能更快地决策。

图4-17 图纸会审会议

4.3.3.5 三维轻量化技术交底

考虑现场施工人员及工人没有相应的 BIM 软件，在实际使用过程中输出轻量化模型（见图 4-18）并现场张贴二维码（见图 4-19），方便管理人员及甲方、监理随时观看。

图 4-18　BIM 施工交底

图 4-19　施工轻量化模型二维码

4.3.3.6 施工信息添加

将施工过程中安全、质量、进度等现场施工信息（见图4-20）在模型中予以体现，以便后期运维人员查阅。

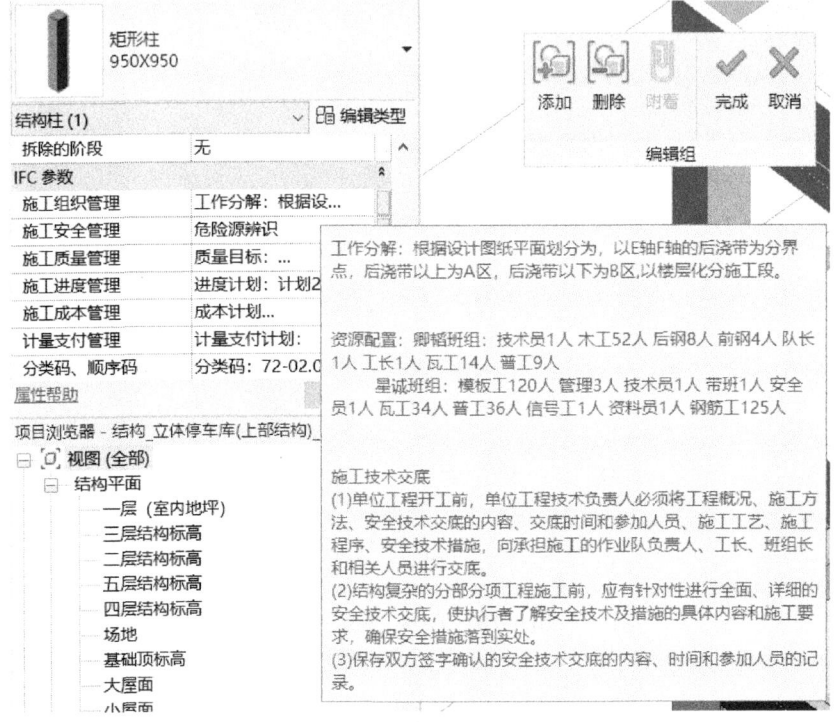

图 4-20 模型施工信息

4.3.3.7 施工协同管理平台运用

本工程采用管理平台进行现场施工管理。根据现场项目需求修改平台配置，力求做到实事求是，帮助现场管理人员更好地管控项目。

1. 资料管理

资料管理（见图4-21）可以将业主方、监理方、设计方、咨询方、总包方等所有有关项目资料进行汇总整理，并建立相应的流程，从而实现资料的全过程管理。

图4-21 资料管理

2. 进度管理

进度管理（见图4-22）可以使进度计划与模型相结合，对模型构件赋予进度状态（已完成、未完成、进度滞后），从轻量化模型中快速了解施工进度与进度计划是否有偏离，并寻找偏离原因及调整进度。

3. 安全管理

安全管理（见图4-23）包含危险源辨识、安全技术交底、安全巡检。危险源辨识可以将不同阶段的危险源及应对措施录入，安全技术交底可以将日常工序安全技术交底录入，安全巡检可以将日常周检、月检、季度检查等录入。

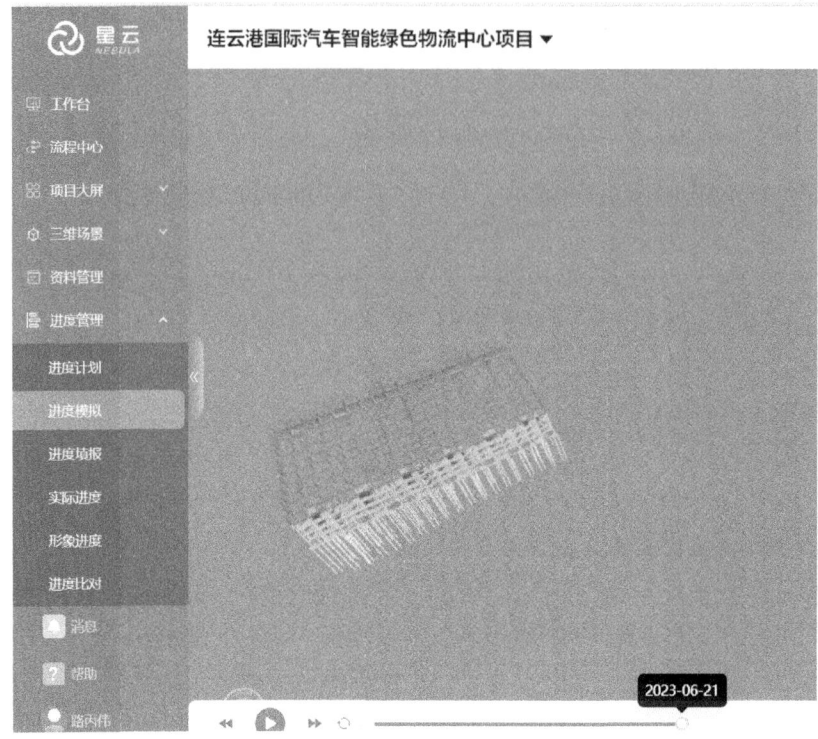

图 4-22 进度管理

图 4-23 安全管理

4. 质量管理

质量管理（见图 4-24）主要包含质量巡检、质量计划、质量验收、首件制记录、施工技术交底 5 个模块，以满足现场基本质量控制要求。

图 4-24　质量管理

5. 施工准备

施工准备（见图 4-25）主要包含图纸会审、施工组织设计报审、组织机构及人员资料。

图 4-25　施工准备

图纸会审模块可以收集图纸会审及设计变更等资料，以防后期人员变更导致资料丢失。施工组织设计报审模块可以将各分部分项工程专项方案录入。组织机构及人员资料模块可以将项目部人员及职责录入。

4.4 项目施工 BIM 协同平台应用

建筑业生产力水平几十年来在全世界范围内没有根本性的提升，美国的研究表明根本性的原因有两点：一是因工程项目的复杂性、非标准化，各条线协同困难，据研究表明工程项目约有 30% 成本消耗在管理团队成员沟通协调过程中；二是各条线实时获取项目海量数据存在巨大困难。管理过程不是依据实时准确数据而是靠想当然。两个原因导致延误、浪费、错误现象严重，而现在的管理技术、方法无法根本性地突破这两点。

工程实施特性是工程产品不标准，过程变化大，有很多设计变更，施工队伍临时组建，工程建造过程中有很多现场信息、数据需要让各团队成员知晓。这与工业化流水线生产过程有很大的不同，工程实施复杂度、难度也因此而起，整个工程建造过程的沟通协调成本相当高。传统的管理手段（包括信息化手段）无法突破这一点，工程项目管理生产力也就无法突破。BIM 作为工程信息处理计算工具，计算能力强大，效率和速度是能满足需求的。基于 BIM 进行工程全生命周期的建造、运行、管理是令人充满期待的。从传统的一对一信息沟通方式，变成一对多的信息共享协同模式，项目管理将掀起革命性的变革。

基于不同专业的 BIM 模型及整合模型，在不同阶段应用相应模型,其主要分为设计阶段和施工阶段两个阶段的应用模型,如图4-26所示。

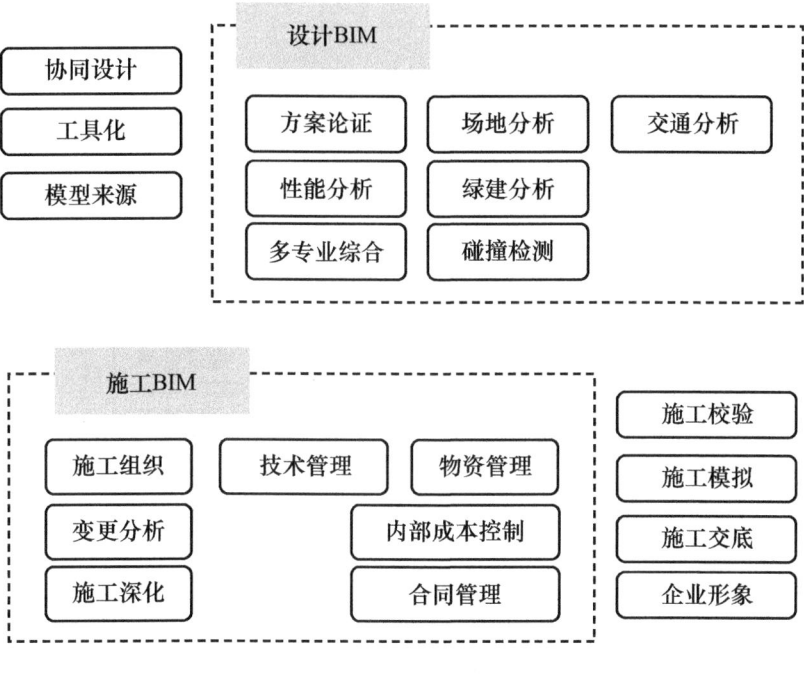

图 4-26 常见的 BIM 应用类型

BIM应用有技术线和管理线两条主线。技术线(见图4-27)主要包括:BIM技术在提升设计技术、建造施工技术、检测技术、运维技术的应用价值,以及性能分析、方案审核、碰撞检测、虚拟体验、技术交底、管线综合、施工方案模拟、3D扫描比对、空间管理、可视化运维等。

管理线主要包括:BIM模型管理与设计管理、施工管理、运维管理等过程中的管理要素和管理对象相结合产生的管理价值。管理线(见图4-28)关注的是项目全过程的信息采集和传递行为,以及合同、进度、质量、安全、现场等资源要素的综合管控。

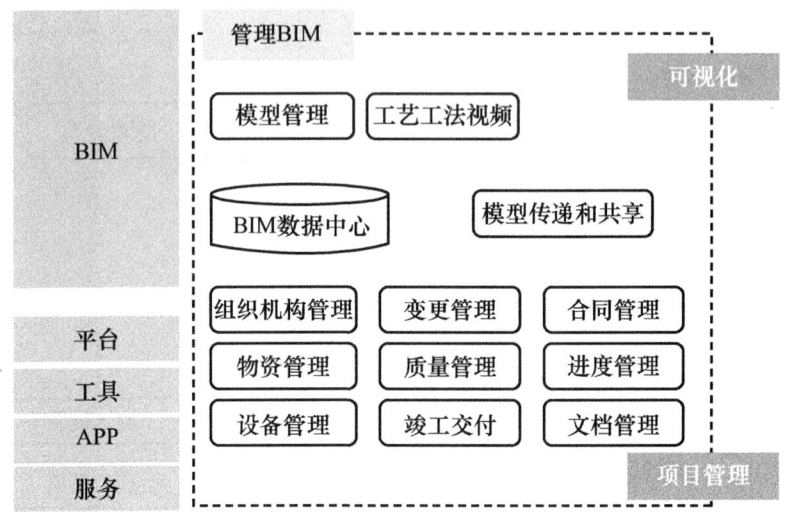

图 4-27　BIM 应用技术线

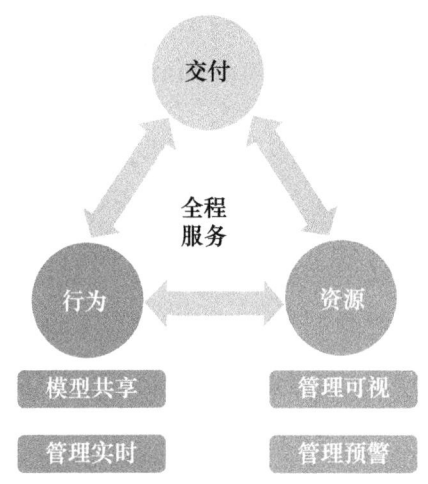

图 4-28　BIM 应用管理线

管理 BIM 目标以工程三维模型为载体,打造基于 BIM 技术的工程项目管控系统,如图 4-29 所示,解决从立项到竣工交付全过程项目管理。参建各部门（设计、施工、监理、设备供应商）工作通过 BIM 协同平台连接起来，形成一个互相连接、互动的信息系统，在 BIM 平台上进行合同、进度、质量、安全的管理；并利用物联网技术，形成虚实结合的项目管控系统；建立以可视化模型为载体，以过程控制原始资料为基础的文档控制管理体系，并移交于项目业主和公司内部档案管理。

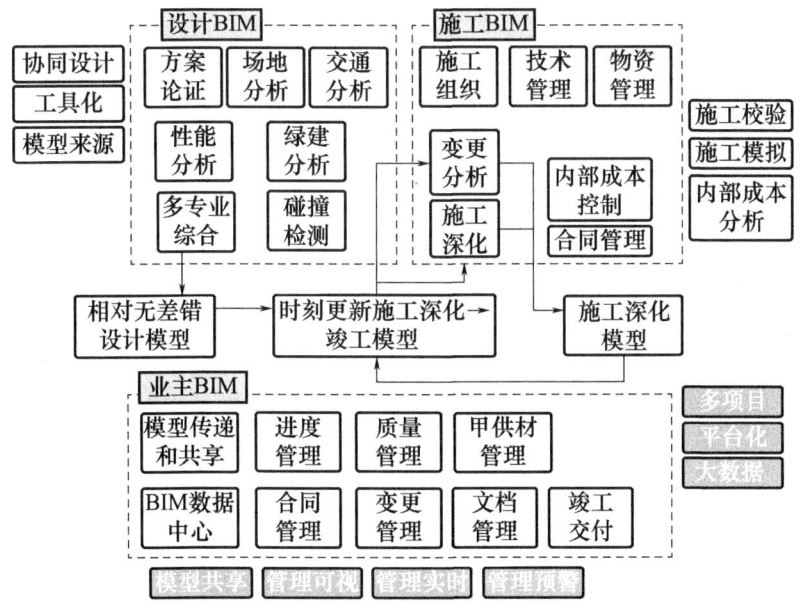

图 4-29　BIM 技术的工程项目管控系统

参考行业普通的应用方式，往往通过全生命周期这条时间线对模型进行应用。以 BIM 为核心的工程项目全生命周期的信息管理如图 4-30 所示。

近些年，随着硬件升级和低代码技术的成熟应用，涌现出很多 BIM 应用平台，但总体的技术架构是相似的，如图4-31所示。

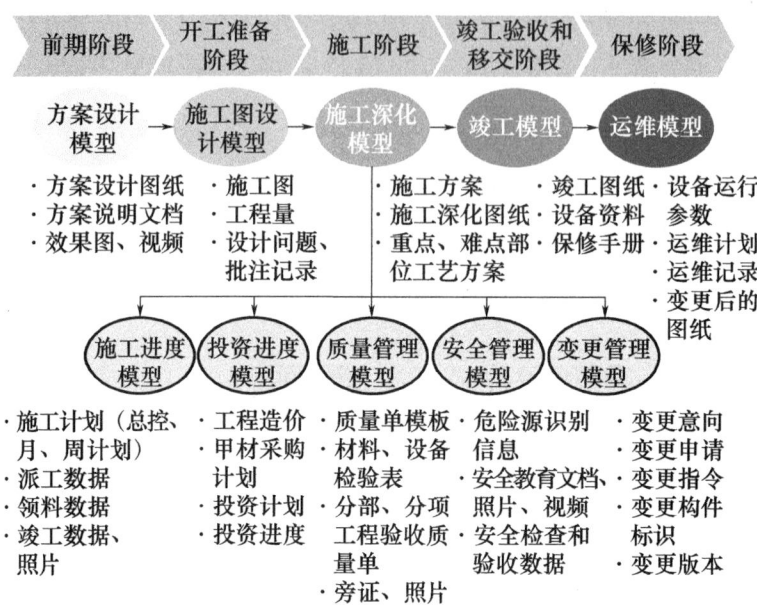

图4-30 以BIM为核心的工程项目全生命周期的信息管理

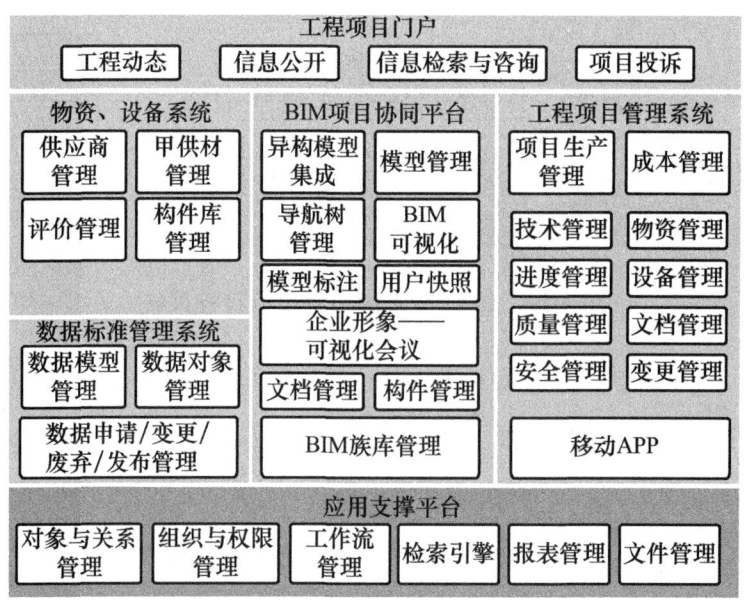

图4-31 BIM应用系统架构

4 项目 BIM 实施及管理目标

连云港国际汽车绿色智能物流中心项目，采用秉匠科技的星云施工协同平台（见图4-32），实现施工协同应用。项目启动前，根据项目管理单位和施工单位的要求，连云港港口控股集团技术研发中心 BIM 技术中心对平台的功能进行了定制化配置，并对地形与 BIM 的数据进行了匹配（见图4-33），满足项目特定需求和项目品质工程创建的要求，如图4-34所示。

图 4-32 星云施工协同平台

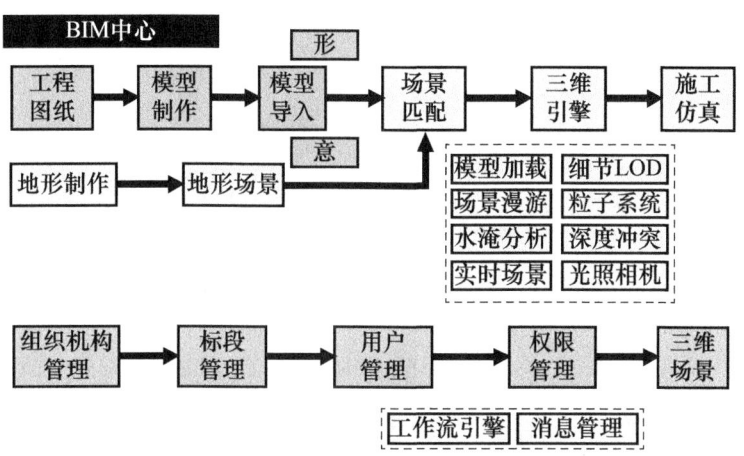

图 4-33 数据匹配与定制化配置

图 4-34　星云平台展示

星云平台支持对 BIM 构件的属性查询，支撑技术线 BIM 应用，如图 4-35 所示。

图 4-35　构件属性查询

星云平台基于对构件的准确统计可以对工程量有更为准确的估算，如图 4-36 所示。

基于 WBS（工作分解结构），在星云平台可以方便地对模型构件的进度信息有效管控，支持进度模拟、进度计划、进度预警等，如图 4-37 所示。

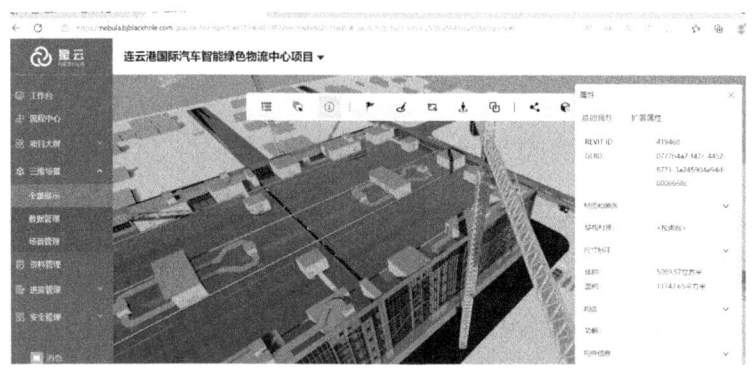

图 4-36　工程量估算

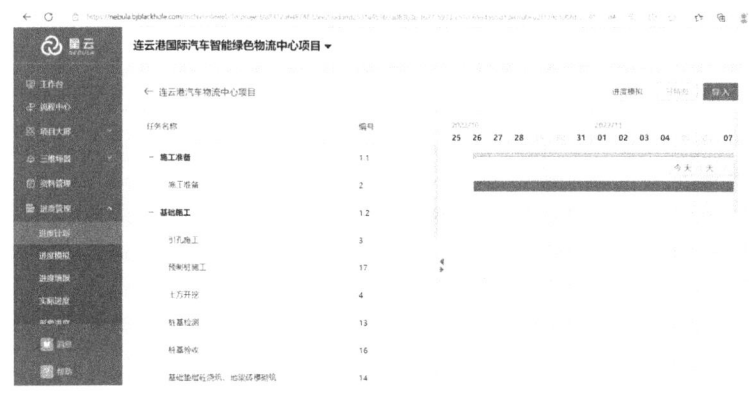

图 4-37　基于 WBS 的进度管理

4.5　施工 BIM 协同平台的应用价值分析

随着建筑行业的不断发展，建筑信息模型（BIM）已成为建筑设计和施工过程中的重要工具。BIM 协同平台是一种用于管理和协调建筑项目的软件平台，其应用价值越来越受到人们的关注。下面将分析施工BIM协同平台的应用价值。

4.5.1 提高施工效率

施工BIM协同平台可以将建筑项目的各个方面整合在一起，包括设计、施工、材料采购、人员管理等。这使得施工过程更加高效，减少了不必要的重复工作和浪费。施工BIM协同平台还可以实现实时数据共享，让所有相关人员都能够及时了解项目的最新情况，从而更好地协调和管理施工进程。

4.5.2 提高施工质量

施工BIM协同平台可以帮助建筑师和施工人员更好地协调工作，从而提高施工质量。该平台可以帮助建筑师和施工人员更好地理解设计意图，减少误解和错误，从而确保施工过程顺利进行。此外，施工BIM协同平台还可以帮助施工人员更好地控制施工进度和成本，从而提高施工质量。

4.5.3 降低施工成本

施工BIM协同平台可以帮助建筑师和施工人员更好地协调工作，从而降低施工成本。该平台可以帮助建筑师和施工人员更好地控制施工进度和成本，从而减少不必要的浪费。此外，施工BIM协同平台还可以帮助建筑师和施工人员更好地协调材料采购和人员管理，从而降低施工成本。

4.5.4 提高安全性

施工BIM协同平台可以帮助建筑师和施工人员更好地协调工作，从而提高施工安全性。该平台可以帮助建筑师和施工人员更好地了解施工过程中的风险和隐患，从而采取相应的措施来降低风险和隐患。此外，施工BIM协同平台还可以帮助建筑师和施工人员更好地协调人员管理和安全培训，从而提高施工安全性。

4.5.5 提高项目管理效率

施工BIM协同平台可以帮助项目管理人员更好地协调和管理项目，从而提高项目管理效率。该平台可以帮助项目管理人员更好地了解项目的最新情况，从而更好地协调和管理项目。此外，施工BIM协同平台还可以帮助项目管理人员更好地协调人员管理和资源分配，从而提高项目管理效率。

综上所述，施工BIM协同平台的应用价值非常大，可以提高施工效率、提高施工质量、降低施工成本、提高安全性和提高项目管理效率。因此，建筑行业应该积极推广和应用施工BIM协同平台，从而更好地推动建筑行业的发展。

4.6 港口项目级施工管理平台建设方案

2016年,住房和城乡建设部发布了《2016—2020年建筑业信息化发展纲要》,提出建筑业要增强BIM、大数据、智能化、移动通信、云计算、物联网等信息技术集成应用,拉开了建筑业信息化快速发展的序幕。在后续具体政策的推动下,建筑业信息化水平不断提升,作为建筑业的一个分支,交通水运行业的信息化发展水平一直不平衡,其中与港口建设有关的水工领域信息化一直处于落后状态,这既影响港口建设过程管理精细化管理提升,也影响智慧港口建设。

江苏省交通运输厅在2023年4月正式印发了《江苏省公路水运平安百年品质工程创建示范评价标准》。该标准制定推行标准化管理体系,定量化评价指标达到95%以上,实现分级分类判定。这是国内首个省级平安百年品质工程创建示范评价标准,是支撑平安百年品质工程创建示范的技术基础,也是江苏省交通强国试点品质工程样板建设的重要举措,指明了江苏省公路水运工程项目管理提升的方向,对BIM施工协同管理平台和智慧工地做出了具体要求。

国内关于施工协同平台和智慧工地的应用在建筑行业不同领域已有丰富案例,但是考虑到目前港口施工单位的实际情况,同时实施施工协同平台和智慧工地是不现实的,不具备充足的人才储备和应用环境,无疑会加重项目部数据管理的负担,也不利于数据一致性和共享性。因此,在江苏省品质工程创建的框架下,研究能够实现协同管理和智慧工地融合应用的项目级工程管理平台具有重要实践意义和价值。

港口建设领域BIM施工协同平台往往都是从房建市政成熟应用的协同管理平台移植套用过来。刘崇期等人在广州南沙国际邮轮码头项目中搭建BIM协同管理平台,并对平台进行定制开发,在生产进度管理、质量安全管理、资料管理等方面为项目管理提供了良好的支撑作用,简化了项目部工作管理流程,减少了工作量,提高了项目部的管理效率和工程的施工质量。

港口建设领域所涉及的BIM施工协同管理平台主要包括BI数据可视化端、手机端和Web端。BI数据可视化端的功能在于工程项目三维场景的可视化、模型的显示和浏览漫游、进度可视化模拟和归集数据集成显示等;手机端则是现场管理人员录入现场状态数据和巡视数据的平台端口;Web端用于整个管理平台业务流程功能的实现,包括数据管理、流程管理等。

根据《江苏省公路水运平安百年品质工程创建示范评价标准》以及《水运工程施工信息模型应用标准》(JTS/T 198-3—2019),要求交通水运工程施工BIM协同管理平台实现以下场景的应用。

(1) 施工组织管理:工作分解、资源配置、施工技术交底。

(2) 施工安全管理:危险源辨识、安全技术交底、过程监控。

（3）施工质量管理：质量计划、质量验收、质量控制。

（4）施工进度管理：进度计划、进度分析、进度控制。

（5）施工成本管理：成本计划、成本分析。

（6）计量支付管理：计量支付计划、计量支付。

在此基础上，还要实现有效拓展施工阶段信息模型土方算量、碰撞检查、交通导流模拟、环境监测等方面的应用。运用5G、北斗、BIM、物联网、大数据、人工智能、云计算等新一代信息技术，在信息基础设施建设、智慧交通基础设施建设、智慧运输服务等方面打造融合交通基础设施。

智慧工地是建筑行业数字化转型的产物，是信息技术和传统工程管理学在工程建设领域的融合产物，是未来建筑行业的发展方向，也是智能建造的重要抓手。通过运用信息化手段，围绕施工过程管理，建立流程协同、智能建造、科学管理的施工项目级信息化数据圈，从而提高工程管理信息化水平，逐步实现绿色建造和生态建造。随着三维可视化技术、人工智能技术、物联网感知技术、BIM技术、GIS技术的发展和相互融合应用，智慧工地应用也在市政、公路、房建等本身已经成熟应用的领域走向深入，不断涌现出新的应用场景。

水运工程是指港口工程、航道工程、航标工程、通航建筑物工程、修造船水工建筑物工程、安装工程、支持系统及其辅助和附属工程等。港口建设领域除了水运工程，

4 项目BIM实施及管理目标

也包括港区内的疏港路、变电所、堆场、候工楼等生产辅助设施，因此，从建设工程类型上看，水运工程实际上比市政、公路、房建更复杂。由于港口水运工程在土木工程行业占比小、体量小，因此很难引起行业工程软件服务商的注意，传统建筑信息化服务商往往聚焦在市政、铁路、公路、房建等行业，他们开发的面向这几个占比较大行业的软硬件产品也更为成熟，港口水运工程领域的信息化应用水平显著低于土木行业的其他分支。

对于港口水运工程，地理位置特殊且长线性工程居多，施工环境复杂，施工技术要求更高，安全风险更大。虽然有少数大型水运设计院和施工单位长期致力于行业信息化应用，但是仍然没有提供成熟先进的施工协同平台或者智慧工地产品，更没有依托平台实现建设项目全生命周期的信息化深度应用。

依据江苏省交通运输厅发布的《加快推进公路水运工程智慧工地建设实施意见》等文件，智慧工地软件功能包括综合管理、人员管理、设备管理、物料管理、质量管理、安全管理、环境管理和BIM管理，重点任务包括推进重要质量环节管理、强化安全隐患风险管控、促进生态环保水平提升等，要求智慧工地建设围绕"三控两管"的工程信息化管理核心，功能涵盖项目的计量、进度、质量、安全、合同等重要环节。推动项目管理多元定制，有效拓展包括农民工在内的人员管理，支持办公自动化、项目组织、过程管理、党建等方面的个性多元定制，整体提升项目管理五大要素的利用效率，实现参建单位工程管理互联协同。根据品质工程创建标准文件中的要求，港口交通水运工程的智慧工地创建要实现如下功能。

（1）质量管理应包括：隐蔽工程及关键工序质量检验巡查系统、大体积混凝土的施工温度远程监控、沉井沉箱施工自动化监测系统、疏浚智能监管系统。

（2）安全管理应包括：人机安全管理、风险管控、现场应急管理、安全专项方案管理、隐患排查、安全培训，施工安全智慧化监测（采集主体结构物的应力应变，建立自动预警机制），平安工地线上考核。

（3）环境管理应包括：监测工程建设重点区域的大气、水、土壤、噪声，洒水车、雾炮车等移动式降尘设备的定位和轨迹动态跟踪。

（4）综合管理应包括：合同管理、进度管理、计量管理应用等。

集团级建设项目管理系统框架（见图4-38）分为"1个核心+3个层级"，即"数据管理中台—集团级—企业级—项目级"。

（1）1个核心：数据管理中台，是整个体系的数据中心。

（2）3个层级：

1）"集团级"对应"集团级建设项目管理系统"。

2）"企业级"对应"施工企业管理系统（ERP）""设计企业管理系统""全过程咨询管理系统"等。

3）"项目级"对应"施工协同平台""智慧工地平台"等。鼓励企业做"项企一体化"的平台建设尝试。

4 项目BIM实施及管理目标

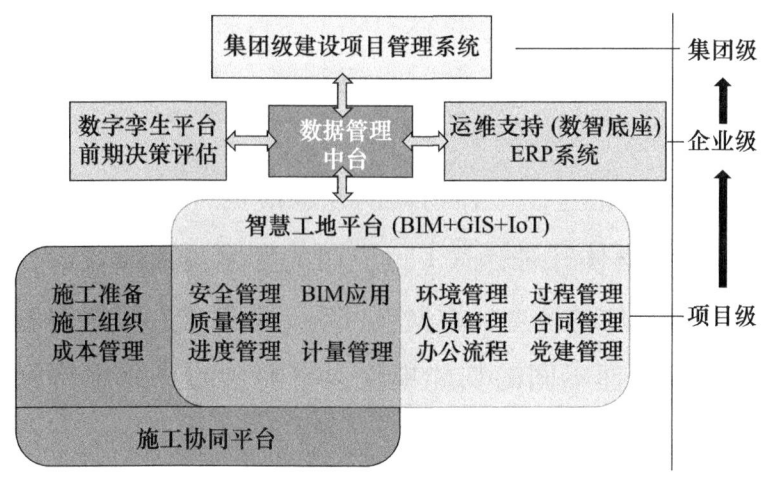

图 4-38 集团级建设项目管理系统框架

根据江苏省品质工程评价标准的要求，项目级信息化工作主要由独立的两部分组成，一是施工BIM协同平台应用（对应标准第159条），二是智慧工地平台应用（对应标准第165～169条）。两部分内容存在一些重复的应用点，但是侧重点不同，目前正在实施的港口工程项目，都是分开实施的。原因在于施工BIM和智慧工地往往作为两个独立标段对外招标，中标单位所用的信息化平台无法实现数据共享，从而产生冗余工作和数据孤岛。基于目前行业发展趋势以及连云港港口建设板块的特殊性，建设项目级融合管理系统是更优的解决思路，主要解决了项目分别应用施工协同平台和智慧工地平台的重复劳动，也有助于数据统一。项目级融合系统采用"1+N"的体系布局，如表4-6所示。

"1"是指融合管理平台（基础平台+数据可视化），实现项目级BIM施工协同管理和智慧工地的数据管理、分析及可视化。平台深度嵌入施工项目管理过程，同时具备项目级管理协同和集团级建管平台数据采集上传的功能。

"N"是指建设工程物联网专题应用（专业应用+数据处理），具体针对智慧工地应用的专题应用模块。其具备灵活和开放的特点，根据项目对于信息化、智能化的特定需求，选择不同的功能模块，与平台的开放接口数据交互。

表4-6 "1+N"的体系布局

项目级融合平台（软件）——"1"
1. 施工组织管理：工作分解、资源配置、施工技术交底。 2. 施工安全管理：危险源辨识、安全技术交底、过程监控、人机安全管理、风险管控、现场应急管理、安全专项方案管理、隐患排查、安全培训管理、危险性较大的分部分项工程管理、平安工地线上考核。 3. 施工质量管理：质量计划、质量验收、质量控制、质量管理手册电子档、质量检查管理。 4. 施工进度管理：进度计划、进度分析、进度控制、进度模拟、进度预警。 5. 施工成本管理：成本计划、成本分析。 6. 计量支付管理：计量支付计划、计量支付。 7. BIM技术应用：基于模型的进度管理、场地布置、辅助图纸会审、模型浏览、设计变更管理、基于BIM技术交底等。 8. 综合管理：工程基本信息管理、OA接口、办公管理、合同管理、党建管理、工程资料管理、项目组织管理。 9. 人员管理：实名制管理、通缉人员管理、用工信用管理。 10. 数据分析及可视化：可视化BI界面（BIM+GIS）

4 项目BIM实施及管理目标

续表

专题应用（硬件）——"N"
1. 环境管理：环境要素实时监测、移动式降尘设备定位和轨迹动态跟踪、渣土运输管理、绿色施工监测。 2. 人员管理：人员定位、智能考勤管理、教育培训管理、人员行为管理。 3. 安全管理：施工安全智慧化监测（采集主体结构物的应力应变，建立自动预警机制）、远程视频监控管理、AI算法自动识别安全隐患、智能安全帽、基坑（边坡）监测、高支模监测、外墙脚手架监测、钢结构安全、远程线上巡检、GIS地图巡查。 4. 物料管理：智能收验物料、材料检验检测、物资异常信息判断、物料统计分析。 5. 机械设备管理：机械设备信息管理、塔式起重机监测管理、施工升降机监测管理、门式起重机监测管理、吊篮监测管理、爬架监测管理、卸料平台监测管理、建筑机器人应用。 6. 质量管理：隐蔽工程及关键工序管理、拌和楼生产管控、运输管控、摊铺碾压管控、试验室管控、智慧梁场、大体积混凝土远程监测、沉箱施工自动化监测、VR质量样板、桩基数字化监测。 ……

要想实现施工BIM协同平台和智慧工地平台的融合，必须借助强大的定制开发团队或者低代码无代码平台，由于定制开发的时间成本过高，本项目时间紧任务重，无法等待项目定制开发完成再投入使用，同时，又考虑在本项目中试点应用协同智慧平台，要降低试错成本，因此，本项目的项目级协同智慧平台采用低代码无代码配置的二次开发方案。经过市场各类项目级平台考察和筛选，最终采用秉匠科技的星云协同平台。平台前端采用微应用架构，

后端采用微服务架构，中间件采用集群或主从模式保证系统的高可用性。平台采用多种先进的开源技术进行支撑，以提高其灵活性、稳定性和可扩展性，可以更快、更安全地进行持续交付和部署。

星云协同平台技术架构由前端服务、Web 服务、网关服务、应用服务、引擎服务、基础服务和中间件服务等多层组成。

前端服务采用 React.js、Ant Design、Qiankun 和 Vite 技术栈，提供了丰富的前端应用和前端引擎；基于 Nginx 的 Web 服务负责高效的 HTTP 服务和反向代理；网关服务采用 Zuul 和 Spring Security，处理路由并提供身份认证和访问控制；应用服务和引擎服务满足各类应用场景和通用引擎的需求；基础服务为整个平台提供用户管理、权限管理、消息和日志服务等基础功能；中间件服务包括 Redis、MySQL、RabbitMQ、ElasticSearch 和 FastDFS 等，为上层服务提供稳定支持。此外，本项目使用 GitLab、Jenkins、Docker、Harbor 和 Docker-Compose 等工具实现持续集成，以及 Grafana、Prometheus、Jaeger、Filebeat 和 ElasticSearch 等工具进行系统监控和日志收集，以保障整个系统的稳定性和可用性。

平台技术架构的优势如下：

（1）独立部署。这种架构允许将应用程序拆分为多个独立的服务，每个服务专注于一个特定的业务功能。这种模块化的设计使得开发团队可以独立地开发、测试和部署各个服务，提高了开发效率。

4 项目BIM实施及管理目标

（2）故障隔离。通过将应用程序拆分为多个服务，微服务架构可以通过隔离和限制故障影响范围来提高系统的稳定性。当一个服务出现故障时，其他服务仍然可以正常运行，从而减少了系统的整体风险。

（3）限流容错。微服务架构可以使用容错机制，如超时控制、熔断器和限流器，来处理服务之间的故障和延迟。这些机制可以帮助系统在异常情况下保持稳定，并防止故障在整个系统中的传播。

（4）水平扩展。每个微服务都可以独立地进行水平扩展（调整服务数量），ES、Redis和Mysql等集群或主从模式的中间件也可以动态增加节点，以此可满足不同服务的负载需求。

（5）高可用性。后端微服务架构通常会部署多个微服务实例以分担负载，并使用一个负载均衡器来分发请求到这些实例上，可有效避免单点故障，保证系统的高可用性。

（6）系统监控。系统提供了良好的监控和日志记录机制，以便及时发现和解决问题。通过实时监控和日志记录，可以追踪服务的性能、错误和异常，从而提高故障排查和系统调优的效率。

5 品质工程创建要求

江苏省交通运输厅在2023年4月正式印发了《江苏省公路水运平安百年品质工程创建示范评价标准》。该标准制定推行标准化管理体系，目标是2025年江苏省率先实现交通基础设施现代化，权重突出工程本质与发展方向，定量化评价指标达到95%以上，实现分级分类判定。这是国内首个省级平安百年品质工程创建示范评价标准，是支撑平安百年品质工程创建示范的技术基础，也是江苏省交通强国试点品质工程样板建设的重要举措，对加快推进交通运输现代化示范区建设、助力江苏省交通建设高质量发展具有重要意义。

2023版标准不同于之前的多个征求意见版本，其最显著的地方就是对于信息化应用要求非常高、非常细致，既体现在分值上，也体现在分值对应的成果深度要求上。但是从标准的措辞和对建筑信息模型的定义来看，标准对一些BIM应用的说法还是和建筑信息模型应用行业的说法有些不同。

标准中与本书有关的BIM内容，在分值设定上，设计阶段，数字化设计分值为20分；施工阶段，施工BIM应用（基础设施结构数字化）分值为30分；新基建为10

5 品质工程创建要求

分;智慧工地为60分。因此,与数字化有关的内容所占分值达到120分。以下对与BIM有关的内容展开论述。

5.1 数字化设计（20分）

5.1.1 分值说明

1. 设计信息模型应用要求（10分）

要求在设计阶段开展数字化设计,建立并应用设计信息模型。设计阶段开展建筑信息模型技术应用,包含场地设计、方案比选、碰撞检查和管线综合、虚拟仿真、施工方案模拟、图纸生成和工程量统计等不少于3项的,得3分;不少于5项的,得5分;全类型应用的,得7分。实现关键结构BIM正向设计的,得8分;实现全线BIM正向设计的,得10分。

2. 设计信息模型交付要求（10分）

设计信息模型交付成果的内容和深度满足设计阶段的要求。交付成果及模型精细度符合规范要求。

5.1.2 指标依据

依据《公路工程设计信息模型应用标准》（JTG/T 2421—2021）主要对模型要求、协同设计、应用及交付做出规定。依据《水运工程设计信息模型应用标准》（JTS/T 198-2—2019）主要对模型要求、协同设计、分类与编码、存储及交付做出规定。依据《交通运输部关于加强公路水运工程建设质量安全监督管理工作的意见》（交安监规〔2022〕7号），要求加强工程安全性、耐久性设计，加快推进设计标准化、专业化、规范化，推动建筑信息模型等数字化设计应用。依据《江苏省交通运输厅关于印发江苏省"十四五"智慧交通发展规划的通知》（苏交技〔2021〕25号），国家和省重点工程中应用BIM技术的项目比例达到80%。依托新开工重大项目开展BIM正向设计，推进BIM技术在交通基础设施规划、设计、建造、养护、运行管理全生命周期中的应用。建设、完善高精度交通地理信息平台。选取重点交通基础设施实现全要素信息采集和三维数字化呈现，构建三维数字化资产管理平台，支撑全天候复杂交通场景下自动驾驶、大件运输等专业导航应用。依据《2022年江苏交通品质工程样板工作要点》，要求进一步推广建筑信息模型（BIM）正向设计在江苏省重点交通基础设施建设项目的应用，建立交通基础设施建筑信息模型（BIM）技术应用设计交付标准。依据《省交通运输厅关于深入推进公路水运工程BIM技术应用的实施意见》（苏交技〔2018〕16号），到2025年，BIM技术作为一项共性应用技术在行业得到广泛应用，与其他现代高新技术协同应用取得突破，成为构建数字交通基础设施体系重要的基础，为数字交通发展和交通强省建设提供支撑。

5.2 基础设施结构数字化（30分）

5.2.1 分值说明

（1）施工结构信息模型建设方案项目编制施工结构信息模型建设方案或应用说明书，提出施工结构建模目标与任务，4分。

（2）施工模型在施工图设计的基础上，通过继承、扩展和补充形成施工深化模型，6分。

（3）模型精细度施工深化模型精细度不低于L3.5要求，2分。施工过程模型精细度不低于L4.0要求，2分。本项共4分。

（4）场景应用在施工中应用施工阶段信息模型，例如施工准备、施工组织管理、施工安全管理、施工质量管理、施工进度管理、施工成本管理和计量支付管理等，每增加1个场景应用，得2分，共8分。能够有效拓展施工阶段信息模型场景应用的，每应用一项得2分，共4分。本项共12分。

（5）交付成果交付过程中，形成工程电子资料与交工验收模型，2分。交工验收模型精细度不低于L5.0要求，2分。本项共4分。

5.2.2 指标依据

2021年9月，《江苏省"十四五"智慧交通发展规划》提出的"十四五"发展目标为：到2025年，江苏省智慧交通整体发展水平走在全国前列。初步形成数据平台一体化、基础设施数字化、运输服务全链化、行业治理精准化、创新融合深度化、智慧产业集聚化的良好格局。其中，基础设施数字化的主要任务就是强化建筑信息模型（BIM）推广应用。依托新开工重大项目开展BIM正向设计，推进BIM技术在交通基础设施规划、设计、建造、养护、运行管理全生命周期中的应用。《江苏省"十四五"智慧交通发展规划》提出国家和省重点工程中应用BIM技术的项目比例达到80%。《江苏公路信息化"十四五"发展纲要》要求普通国省道、长大桥隧三维数字化率达到100%，国家和省重点公路工程中应用BIM技术的项目比例达到80%，国省道路网运行智能监测和感知覆盖率达到95%，公路新型基础设施运维智能化率达到100%。

依据《公路工程施工信息模型应用标准》（JTG/T 2422—2021）4.0.3 施工阶段信息模型的精细度，宜符合下列规定：

（1）施工深化模型精细度不低于L3.5，满足施工准备阶段的场地布置、工艺模拟、方案优化、施工交底等应用需要。

（2）施工过程模型精细度不低于L4.0，满足施工组织管理、施工安全管理、施工质量管理、施工进度管理、施工成本管理和计量支付管理等应用需要。

（3）交工验收模型精细度不低于L5.0，满足交工验收等应用需求。

依据《水运工程施工信息模型应用标准》（JTS/T 198-3—2019）4.2.1施工深化模型的模型粒度和信息细度，要求永久工程的模型信息细度不低于L350级别的相关规定。4.2.2施工过程模型的模型粒度和信息细度，要求永久工程的模型信息细度不低于L400级别的相关规定。4.2.3交工验收模型的模型粒度和信息细度，要求永久工程的模型信息细度不低于L500级别的相关规定。